Wissenschaftliches Arbeiten

Seminar- und Diplomarbeiten

Von

Professor Dr. Axel Bänsch

Universität Hamburg

8., durchgesehene und erweiterte Auflage

R. Oldenbourg Verlag München Wien

Bibliografische Information Der Deutschen Bibliothek

Die Deutsche Bibliothek verzeichnet diese Publikation in der Deutschen Nationalbibliografie; detaillierte bibliografische Daten sind im Internet über <http://dnb.ddb.de> abrufbar.

Rosenheimer Straße 145, D-81671 München
Telefon: (089) 45051-0
www.oldenbourg-verlag.de

Gedruckt auf säure- und chlorfreiem Papier
Druck: MB Verlagsdruck, Schrobenhausen
Bindung: R. Oldenbourg Graphische Betriebe Binderei GmbH

ISBN 3-486-27355-8

Vorwort und Benutzungshinweise

Aus der Betreuung und Begutachtung ungezählter Seminararbeiten und von inzwischen über 800 Diplomarbeiten ist mein Eindruck: Fast alle Studierenden fühlen sich bei der Anfertigung wissenschaftlicher Arbeiten zumindest unsicher. Sehr vielen mangelt es von Grund auf an den Kenntnissen, die Voraussetzung für erfolgreiches wissenschaftliches Arbeiten sind. Die schulische Ausbildung hat ihnen dazu nichts vermittelt, und während ihres Studiums läßt man sie mit diesem Problem weitgehend allein.

Die vorliegende Schrift bietet in konzentrierter Form umfassende Hilfestellung.

Unerfahrene Studierende können die notwendigen Gesamtinformationen beziehen. Bei nur partieller Unsicherheit kann man sich über das Inhalts- und Sachverzeichnis die entsprechend klärenden Passagen heraussuchen.

Aufgrund meiner langjährigen Erfahrungen möchte ich allerdings empfehlen, selbst bei weitgehend sicherem Gefühl die Gesamtschrift zu lesen. Denn auch hinsichtlich der Beherrschung von Technik und Regeln wissenschaftlichen Arbeitens kann das Gefühl täuschen!

Um zur Benutzung der Gesamtschrift anzuregen, habe ich sie zum einen so kompakt gehalten, wie es mir möglich erschien. Zum anderen habe ich die Schrift so angelegt, daß man sie nicht in einem Zug lesen muß.

Wer vor der Anfertigung einer wissenschaftlichen Arbeit steht, braucht sich also nicht in seinem hoffentlich intensiv vorhandenen Leistungseifer für längere Zeit bremsen zu lassen.

Es bietet sich folgende Nutzung der Schrift an:

Vor Beginn der wissenschaftlichen Arbeit: Block A (Grundansprüche an wissenschaftliches Arbeiten) lesen. Denn hier wird generell vermittelt, welche Anforderungen Arbeiten zu erfüllen haben, um als ‚wissenschaftlich' gelten zu können. Über diese generellen Anforderungen sollte von vornherein Klarheit herrschen.

Parallel zur Anfertigung der wissenschaftlichen Arbeit: Block B (Entstehungsprozeß einer wissenschaftlichen Arbeit) durchgehen. Dieser Block behandelt Hinweise und Regeln für die einzelnen Entstehungsschritte einer wissenschaftlichen Arbeit und konkretisiert Ansprüche an wissenschaftliches Arbeiten über Demonstrationsbeispiele.

Nach prinzipieller Fertigstellung der wissenschaftlichen Arbeit (aber selbstverständlich vor ihrer Abgabe): Block C (Beurteilungskriterien für wissenschaftliche Arbeiten) zur Letztkontrolle heranziehen. Zwar vermitteln die Blöcke A und B bereits Aufschluß über die Kriterien, an denen Gutachter ihre Bewertung auszurichten pflegen. Block C präsentiert diese Kriterien aber nochmals ausdrücklich und systematisiert als eine Art ‚Gesamt-Checkliste'.

An ihr läßt sich prüfen, ob die zur Abgabe vorgesehene Fassung wirklich in jeder Hinsicht als wissenschaftliche Leistung bestehen kann.

Für die Kontrolle des Gesamttextes und Verbesserungshinweise möchte ich Herrn Prof. Dr. G. Czeranowsky, Herrn Dr. R. Giese, Frau Dr. E. Krabbe, Frau cand. phil. A. Reidegeld und Frau cand. rer. pol. P. Wemßen herzlich danken.

Frau G. Meyer hat mit großer Geduld und Sorgfalt die Reinschriften erstellt. Auch dafür möchte ich mich herzlich bedanken.

Ich wünsche viel Freude beim ‚Wissenschaftlichen Arbeiten' und den vollendeten Arbeiten die verdienten Erfolge!

Axel Bänsch

Vorwort zur 5. Auflage

Einerseits wurde versucht, einige Passagen noch präziser zu fassen, andererseits wurden mit Ausführungen zu ‚Hypothesen' und ‚Werturteilen' sowie der Einfügung eines Glossars Erweiterungen vorgenommen. Das Glossar wurde recht weitgespannt ausgeführt (u. a. mit Begriffen zur Wissenschaftstheorie und zum empirischen Arbeiten), um sowohl Anfängern als auch Fortgeschrittenen Orientierungshilfen zu bieten.

Insgesamt habe ich mich bemüht, Anfragen von Studierenden zu formalen Details zu entsprechen. Allerdings konnte dies teilweise nur durch Hinweise auf die gebräuchlichen Alternativen geschehen. Soweit jeweilige Fachbereiche/Fakultäten/Prüfer über eigene (Zitier-)Richtlinien eine bestimmte Form (des Zitierens, der Anlage des Literaturverzeichnisses, der Gliederungsklassifikation, des Schriftbildes usw.) für verbindlich erklären, kann die Devise selbstverständlich nur lauten: Alles strikt so befolgen, wie es dort gefordert wird!

Für die Kontrolle der Erweiterungen und Verbesserungshinweise dazu möchte ich Herrn Dr. Giese sehr herzlich danken.

Axel Bänsch

Vorwort zur 8. Auflage

Die weiterhin sehr positiven Reaktionen bestätigen, daß die Schrift ihre Funktion erfüllt: Studierenden alle notwendigen Informationen für erfolgreiches wissenschaftliches Arbeiten in so kompakter und dabei leicht zugänglicher Form anzubieten, daß diese zeitsparend aufgenommen werden können.

Für die 8. Auflage wurden punktuelle Änderungen vorgenommen und als Ergänzung der Abschnitt ‚Zur Nutzung des Internet für wissenschaftliches Arbeiten' angefügt.

Meinem ehemaligen wissenschaftlichen Mitarbeiter, Herrn Dr. Markus Wilken, möchte ich sehr herzlich für seine Mithilfe danken.

Axel Bänsch

Inhaltsverzeichnis

Darstellungsverzeichnis

A. Grundansprüche an wissenschaftliche Arbeiten

I. Grundstrukturierung

a. Kurzkennzeichnung

Jede Endfassung einer wissenschaftlichen Arbeit besteht aus mindestens einem Basis-, einem Kern- und einem Schlußabschnitt.

Im **Basisabschnitt** der Arbeit ist das Thema in eine **eindeutige Fragestellung** umzusetzen, die eine dem Typ der Arbeit angemessene Themenausschöpfung spiegelt[1]. Der Autor/die Autorin muß selbst glasklar wissen, worüber zu schreiben ist, und muß Lesern/Gutachtern unmißverständlich mitteilen, worüber geschrieben werden soll.

Im **Kernabschnitt** der Arbeit ist die **Fragestellung** aufzunehmen und zu **behandeln**. Es hat weder mehr noch weniger zu geschehen!

Das heißt, einerseits ist die Fragestellung vollständig zu erfassen, andererseits sind **alle** Ausführungen außerhalb der Fragestellung strikt zu vermeiden.

Zur Fragestellung hat man die lückenlose, widerspruchsfreie Argumentations-/Beleg-/Beweiskette zu entwickeln, aus der sich die umfassenden Antworten zur Fragestellung ergeben.

Im **Schlußabschnitt** der wissenschaftlichen Arbeit sind die aus der Behandlung der Fragestellung resultierenden **Ergebnisse** zu **präsentieren**.

Die ausgewiesenen Ergebnisse müssen klaren Bezug zur Fragestellung aufweisen und sich auf jeden Einzelaspekt der Fragestellung beziehen.

b. Kommentierung

1. Basisabschnitt: Fragestellung

Die Umsetzung des Themas in eine klare Fragestellung (häufig auch als ‚Problemstellung' bezeichnet) schützt davor, daß einfach darauf losgeschrieben wird. Die Arbeit bekommt ihr inhaltliches **Ziel**.

---

[1] Was man eventuell bei einer Proseminararbeit noch aus der Fragestellung herauslassen kann, mag bei identischer Themenformulierung in einer Diplomarbeit zwingend in die zu behandelnde Fragestellung gehören.

Viele Studierende verstellen sich den möglichen Erfolg ihres wissenschaftlichen Bemühens bereits in dieser Anfangsphase. Statt ruhig zu überlegen, welche Teilfragen ein Thema birgt und wie diese miteinander zusammenhängen, lassen sie sich zu einem schnellen, aber ziellosen Start verleiten.

Konkret zeigt sich dies dann häufig in der Form, daß zu Begriffen/Erscheinungsformen/Statements, die Teil (aber eben nur Teil) der Themenformulierung sind, einfach alles abgeladen wird, was dazu einfällt und was dazu bei den Literaturrecherchen gefunden wurde. Nicht selten wird dies dann auch noch in der zufälligen Reihenfolge vollzogen, in der man darauf gestoßen ist.

Das Chaos, was damit entsteht, läßt den normalen Leser sehr schnell endgültig aussteigen. Der ausgeprägt gleiche Neigungen verspürende, aber zum vollständigen Lesen verpflichtete Gutachter verwünscht dann wieder einmal seinen ‚Job‘ und fragt sich immer wieder: ‚Was soll das eigentlich? Weshalb diese Ausführungen? Worauf will der Autor/die Autorin eigentlich hinaus?‘

Zu einer wissenschaftlichen Arbeit gehört also zwingend, daß sie von vornherein ihr Untersuchungsziel offenbart!

2. Kernabschnitt: Behandlung der Fragestellung

Die Ausführungen im Kernabschnitt der Arbeit sind ausschließlich auf die Beantwortung der Themenfragen auszurichten. Allen davon wegführenden Darlegungen muß man entgehen. Auch Aspekte, die an sich oder speziell für den Autor/die Autorin außerordentlich interessant erscheinen, eröffnen keine Ausnahme.

Folglich gehört es zu den Unzulässigkeiten, das eine oder andere nur deshalb einzuflechten, „weil es sich bei dieser Gelegenheit gerade anbietet“. Auch mit Ankündigungen wie „Noch mit erwähnt sei ...“ macht man sich der zumindest vorübergehenden ‚Themenflucht‘ verdächtig.

Die **Prüffrage** muß jeweils lauten: **Handelt es sich um einen notwendigen Teilschritt in der fragestellungsbezogenen Argumentations-/Beleg-/Beweiskette?**

Lautet die Antwort ‚NEIN‘, so ist die totale Enthaltsamkeit das absolute Gebot!

Andererseits hat man die Fragestellung in der angekündigten Form **vollständig** zu behandeln. Folglich gehört es zu den Irrtümern im wissenschaftlichen Arbeiten, wenn man meint: Die Sprachformel „Um die Arbeit nicht zu sprengen, ...“ biete ein Alibi dafür, bestimmte unliebsame, weil schwierige oder aufgrund verfehlter Zeitplanung nicht mehr zu schaffende Themenaspekte einfach auslassen zu können, obwohl sie als Teil der Fragestellung ausgewiesen wurden.

Im weiteren gehört zur ‚Behandlung der Fragestellung‘, daß die **Argumentations-/Beleg-/Beweiskette lückenlos** gezogen wird. Man darf folglich prinzipiell nicht davon ausgehen, Arbeitserleichterungen seien durch ‚Brücken' folgenden Typs möglich: „Wie leicht ersichtlich", „Wie nicht näher ausgeführt zu werden braucht, ergibt sich".

Allerdings ist in diesem Zusammenhang auch darauf zu achten, daß für das jeweils zu demonstrierende wissenschaftliche Niveau ‚selbstverständlich voraussetzbare' Elemente nur äußerst knapp präsentiert werden. So mögen z.B. Ausführungen, die Grundstudiumswissen ausbreiten, einer Proseminararbeit angemessen sein, einer Diplomarbeit aber würden sie schlecht anstehen.

Generell besteht hinsichtlich der ‚Behandlung der Fragestellung' schließlich der Anspruch, daß man die anstehenden Fragen in zweifacher Hinsicht in richtiger Reihenfolge aufnimmt:

- einerseits sind ‚Folgefragen' auch in entsprechender Reihenfolge aufzunehmen[2],
- andererseits ist darauf zu achten, daß eine Reihenfolge gefunden wird, die Wiederholungen möglichst völlig ausschließt[3].

3. Schlußabschnitt: Ergebnisse

Der mit der Formulierung der Fragestellung begonnene ‚Kreis der Arbeit' ist mit dem Ausweis der Ergebnisse zu schließen. In den Ergebnissen sind deutlich erkennbar Antworten auf die gestellten Einzelfragen zu bringen. Zu erfüllen ist vollkommene **Harmonie zwischen** den in der Fragestellung aufgeworfenen **Themenfragen und** den im Schlußteil ausgewiesenen **Themenergebnissen**. Es dürfen also weder Unterschüsse (Nichtbeantwortung von Fragen) noch Überschüsse (Antworten auf gar nicht gestellte Fragen) auftreten.

II. Literaturbearbeitung und Zitierweise

a. Kurzkennzeichnung

Jede wissenschaftliche Arbeit hat auf vorhandene Literatur aufzubauen, ihre Literaturbezüge adäquat, kritisch und korrekt zu vollziehen und über das Zitieren entsprechend zu dokumentieren.

---

[2] Lautet ein Thema also beispielsweise ‚Konsumentenzufriedenheit als absatzpolitisches Teilziel von Erwerbsunternehmen – Relevanz und Realisationsmöglichkeiten', so ist naturgemäß zunächst die Relevanzfrage zu behandeln.

[3] Als Ausnahme sind nur wissenschaftliche Lehrbücher zu sehen. Bei ihnen können Wiederholungen ein notwendiges didaktisches Instrument zur besseren Verankerung des Lehrstoffes bei den Lesern bilden. Die in dieser Schrift zum „Wissenschaftlichen Arbeiten" enthaltenen Wiederholungen wurden so auch bewußt angelegt.

Als Kurzformel läßt sich für diesen Grundanspruch an wissenschaftliches Arbeiten also ‚Adäquate Literaturauswahl, korrekte und kritische Literaturauswertung sowie adäquate und korrekte Zitierweise' formulieren.

b. Kommentierung

1. Literaturauswahl und -auswertung

aa. Adäquate Literaturauswahl

Adäquate Literaturauswahl läßt sich dann testieren, wenn auch unter Berücksichtigung des jeweiligen Typs der wissenschaftlichen Arbeit (Proseminarbeit → Diplomarbeit)

(1) die qualitativ angemessene Literatur
(2) in gebührendem Umfang (angemessene Anzahl von Titeln)

herangezogen wird.

Zu (1): **Qualitativ angemessene Literatur**

Generell, d.h. für **alle** wissenschaftlichen Arbeiten ist zunächst zu beachten, daß die herangezogenen Quellen seriös im Sinne von ‚ernst zu nehmen, redlich, kompetent, verläßlich' sein müssen. Will man sich als Wissenschafts-Autor/-Autorin nicht von vornherein selbst disqualifizieren, muß man zeigen, in dieser Beziehungen zwischen Quellen unterscheiden zu können.

Am Beispiel deutschsprachiger Tageszeitungen: Bestimmte Boulevardblätter gehören zweifelsfrei in die für wissenschaftliches Arbeiten ungeeignete Quellenkategorie[4]. Auf der anderen Seite gibt es zweifellos Tageszeitungen mit entsprechendem Qualitätsstandard.

Am Beispiel von Fachliteratur: Ein Teil der betriebswirtschaftlichen Praktikerliteratur (Zeitschriften und Bücher) erfüllt den vorauszusetzenden Standard nicht und will ihn wohl auch gar nicht erfüllen, da diese Literatur auf Leserkreise zielt, die nur an plakativen Empfehlungen interessiert sind.

Zudem ist generell, d.h. ebenfalls für alle wissenschaftlichen Arbeiten, zu beachten, daß Quellen selbst dann für wissenschaftliche Arbeiten in qualitativer Hinsicht unangemessen erscheinen können, wenn es sich um seriöse Quellen handelt. Dies ist für Literatur zur generellen oder fachlichen Bildung der Allgemeinbevölkerung (z.B. allgemeine Lexika oder global einem bestimmten Gebiet gewidmete lexikalische Schriften) zumindest dann anzunehmen, wenn ihnen fachspezifische Literatur gegenübersteht. Geht es also beispielsweise um die Kennzeichnung des Begriffes/der Erscheinungsform ‚Sales Promotions', so sollten die fachinternen Lexika/Handwörterbücher zum Marke-

[4] Es sei denn, sie sind selbst Untersuchungsgegenstand, wie bei einem Thema des Tenors ‚Das Unternehmerbild in der X-Zeitung'.

ting/zum Kommunikationsmanagement oder noch besser einschlägige Monographien zur Thematik konsultiert und ausgewiesen werden, nicht aber beispielsweise der ‚Brockhaus'.

Im weiteren entscheidet dann der Typ der anzufertigenden wissenschaftlichen Arbeit darüber, ob herangezogene Literatur als ‚qualitativ angemessen' einzustufen ist. Empfindet man es in einer Proseminararbeit noch als normal, daß auch typische Grundstudiumsliteratur (wie eine ‚Einführung in die Allgemeine Betriebswirtschaftslehre') den Zitierspiegel ziert, wird dies prinzipiell bereits im Rahmen einer Hauptseminararbeit als unangemessen erscheinen können.

Zu (2): **Quantitativ angemessener Literaturrahmen**

Was in quantitativer Hinsicht als angemessene Literaturauswahl gilt, bestimmt sich ebenfalls am Typ der jeweiligen Arbeit und dabei an dem für die Anfertigung eingeräumten Zeitrahmen. Folglich wird sich die Anforderung ‚Die gesamte für das Thema wesentliche nationale und internationale Literatur (Bücher, Dissertationen, Beiträge in Fachzeitschriften und Sammelwerken) ist heranzuziehen', erst für Diplomarbeiten mit drei und mehr Monaten Bearbeitungsdauer erheben lassen.

Bei der Einschätzung einer konkreten Anzahl von Titeln darauf, ob sie angemessen hoch oder zu niedrig/dürftig ist, spielt zudem die Art des Themas eine Rolle. Eventuell liegt bereits einer Hauptseminararbeit ein Thema zugrunde, das wegen seiner Aktualität und/oder Spezifität in der Literatur bislang nicht oder nur in geringem Maße bearbeitet ist. Dann liegt die Anzahl der sog. ‚einschlägigen' und damit zu berücksichtigenden Titel eben deutlich niedriger als bei einem von der Literatur seit langem gepflegten Thema.

Unter Berücksichtigung der vorstehenden Hinweise können Angaben wie

- Proseminararbeit mindestens 10-15 Titel
- Hauptseminararbeit mindestens 15-20 Titel
- Diplomarbeit mindestens 25-30 Titel

also nur als grobe Richtgrößen verstanden werden.

Die entsprechende Titelzahl bezeichnet die Anzahl der für die Themenbearbeitung tatsächlich herangezogenen und damit in das Literaturverzeichnis aufzunehmenden Titel. Dabei wird allgemein zunehmend und hier von der Interpretation ausgegangen, daß **nur** die in der Arbeit zitierten Titel als ‚tatsächlich herangezogen' gelten können.[5]

---

[5] Diese eingeengte Interpretation hat weitgehend die zurückliegend vielfach angegebene weitere Ausdeutung ‚zitierte und zur generellen Orientierung verwendete Literatur' abgelöst.
Allerdings kann auch die eingeengte Interpretation nicht verhindern, daß Studierende gelegentlich meinen, umfängliche Literaturrecherchen einfach vortäuschen zu können. Zum seriösen wissenschaftlichen Arbeiten gehört, auch in dieser Beziehung nichts vorzugaukeln!

bb) Korrekte und kritische Literaturauswertung

Der Anspruch ‚Korrekte und kritische Literaturauswertung' zeigt Überschneidungen zu dem später auszuführenden Anspruch ‚Korrekte Zitierweise'. Bei bestimmten Aspekten mag es letztlich ‚Ansichtssache' sein, wo man sie einordnet. Wesentlich ist, daß die insgesamt angeführten Ansprüche beim wissenschaftlichen Arbeiten erfüllt werden.

Zur ‚**Korrekten** Literaturauswertung' seien hier gezählt:

- **Sorgsame** Spiegelung der Literatur in dem Sinne, daß Verfälschungen jeglicher Art unterbleiben. Es ist also jeweils äußerst gewissenhaft zu registrieren und umzusetzen
  - was genau steht in der betreffenden Quelle?
  - auf welcher Basis/in welchem Zusammenhang steht es dort?
  - für welchen Zeitpunkt/Zeitraum steht es dort?

  Mit anderen Worten: Es darf Quellen nichts entnommen werden, was sie nicht hergeben, und es darf nichts in sie hineingelegt werden, was sie nicht in sich bergen!
- **Faire** Spiegelung der Literatur in dem Sinne, daß jeweils nach neuesten Auflagen gearbeitet wird. Hat ein bestimmter Autor z.B. eine in der 1. Auflage seines Werkes publizierte Einschätzung/Erkenntnis in seiner 2. überarbeiteten Auflage revidiert, so ist es schlichtweg unredlich, sich weiter auf seine 1. Auflage zu beziehen.
- **Ungefilterte** Spiegelung der Literatur in dem Sinne, daß – soweit möglich und zumutbar[6] – konsequent auf Primärquellen zurückgegangen und an ihnen gearbeitet wird. Der materielle Hintergrund dieses Anspruches liegt darin, daß eventuelle bewußte oder unbewußte ‚nicht sorgsame' und/oder ‚unfaire' Behandlungen der Primärquelle durch eine Sekundärquelle sich nicht weiter ausbreiten sollen!

‚**Kritische Literaturauswertung**' fordert von den Studierenden, die Literatur nicht in treuherziger Gläubigkeit oder schlichter Bequemlichkeit einfach wiederzugeben, sondern sich mit ihr auseinanderzusetzen.

Nur weil etwas ‚schwarz auf weiß' gedruckt vorliegt, repräsentiert es nicht automatisch die unumstößliche Wahrheit. Selbst renommierte Fachvertreter sind nicht unfehlbar! Entsprechend heißt wissenschaftliches Arbeiten auch: Die Literatur immer wieder in Frage stellen/immer wieder auf Schwachstellen abklopfen/immer wieder auf Widersprüche untersuchen!

Über die kritische Auseinandersetzung mit der Literatur hat man u.a. die Möglichkeit, die erwartete **eigenständige** Leistung zu erbringen.[7]

---

[6] Vgl. zu Ausnahmen S. 51 dieser Schrift.

[7] Siehe zu weiteren Möglichkeiten, Eigenständigkeit in der Leistung zu erreichen, S. 27–32 dieser Schrift.

Da es nicht nur um die Prüfung eines Titels geht, gehört zur kritischen Literaturauswertung, die verschiedenen Literaturtitel auf Widersprüche untereinander zu untersuchen, diese herauszuarbeiten und Stellung dazu zu beziehen.

Speziell bei empirischen Untersuchungen als Quellen ist zu fragen, ob

- die Methodik der jeweiligen empirischen Untersuchung

und/oder

- die vollzogene Interpretation der Untersuchungsergebnisse Anlaß zu Beanstandungen gibt[8].

Die kritische Auseinandersetzung mit der Literatur sollte möglichst niveauvoll (d.h. ohne ‚Herumkrittelei') geführt werden, und sie sollte sich als möglichst treffend (d.h. stichhaltig begründet) erweisen.

2. Zitierweise

aa. Adäquate Zitierweise

Unter adäquater Zitierweise wird hier verstanden, daß die vorgelegte Arbeit weder unter- noch überzitiert erscheint.

‚Unterzitiert' pflegt man meistens mit der quantitativ nicht angemessenen Literaturausschöpfung gleichzusetzen, die zuvor erläutert wurde. Seltener steht ‚unterzitiert' als Kritikpunkt auch für das nicht korrekte Zitieren in Form der Nichtbefolgung von Zitierpflichten. Dieser Fall wird im unmittelbaren Folgepunkt bb. behandelt.

‚Überzitiert' kann als Kritikpunkt ebenfalls verschiedene Einwände gegen die Arbeit kennzeichnen, und zwar

(1) überhaupt unnötiges Zitieren
(2) unnötig häufiges/umfangreich wörtliches Zitieren
(3) ununterbrochenes oder fast durchgehendes Zitieren (Fall sog. ‚Kompilation').

Zu (1):

Nicht zitierpflichtig ist generelles und fachliches Allgemeinwissen. Das hier einzuordnende Wissen hängt von dem wissenschaftlichen Qualifikationsstand ab, der mit der betreffenden Arbeit dokumentiert werden soll (Proseminararbeit → Diplomarbeit).

Empfindet der Gutachter die Arbeit in diesem Sinne als überzitiert, so folgt daraus als Interpretationstendenz: Der Studierende liegt hinter dem Wissensstand, der für ihn selbstverständlich sein sollte.

---

8 Siehe dazu im einzelnen S. 17f. dieser Schrift.

Zu (2):

Wenn Zitierpflichtigkeit vorliegt, so sollten die wörtlichen Zitate die Ausnahme, die sinngemäßen Zitate die Regel bilden; insbesondere sollten lange wörtliche Zitate vermieden werden. Wörtliche Zitate erscheinen grundsätzlich nur dann gerechtfertigt, ‚wenn es nicht anders geht', weil sonst zwangsläufig Sinnverluste/Sinnänderungen eintreten würden.

Häufiges und langes wörtliches Zitieren provoziert jedenfalls bei Gutachtern leicht den Eindruck, der Studierende flüchte sich aus Bequemlichkeit und/oder Unsicherheit in wörtliche Zitate.

Zu (3):

Besteht eine Arbeit nur oder fast nur aus einer Aneinanderreihung wörtlicher und sinngemäßer Zitate, so ist für sie in der gutachterlichen Fachsprache die Bezeichnung ‚Kompilation' programmiert. Kompilation ist ein Kürzel für das ‚unschöpferische bloße Übernehmen/Abschreiben' bzw. für die ‚durch Zusammentragen unverarbeiteten Stoffes zustandegekommene Schrift ohne wissenschaftlichen Wert'! Einer kompilativen Arbeit fehlt die für wissenschaftliches Arbeiten unabdingbare Eigenständigkeit völlig, da sie ja offensichtlich auch den Anspruch auf kritische Literaturauswertung total ignoriert.

bb. Korrekte Zitierweise

Korrekte Zitierweise heißt strikte Einhaltung von Zitierregeln, die sicherstellen, daß die vorgelegte Arbeit durchgängig unmißverständlich dokumentiert, was

- an fremdem geistigem Eigentum, aus welcher Quelle, in welchem Umfang und in welcher Form (wörtlich, sinngemäß) übernommen wurde
- an Eigenleistungen des Studierenden vorliegt.

Im einzelnen eingegangen wird auf die Zitierregeln, die ja erst bei der Anfertigung der Arbeit konkret anzuwenden sind, im Block B dieser Schrift.

Im Vorgriff darauf sei hier nur bereits eindringlich nahegelegt, von vornherein mit äußerster Sorgfalt zu registrieren, was von dem gesammelten Material aus welcher Fundstelle stammt. Diese ist mit allen erforderlichen Daten festzuhalten. Das heißt bei

- Büchern: Autor mit ausgeschriebenen Vornamen, Buchtitel, evtl. Auflagen, Verlagsort[9], Verlagsjahr, Seite(n)
- Artikeln in Sammelwerken: Autor des Artikels mit ausgeschriebenen Vornamen, Titel des Artikels, Herausgeber des Sammelwerkes mit ausgeschriebenen Vornamen, Titel des Sammelwerkes, evtl. Auflage, Verlagsort[9], Verlagsjahr, Seite(n)

---

[9] Teilweise (aber eher selten) wird vor der Angabe des Verlagsortes der Verlagsname erwartet.

- Artikeln in Zeitschriften/Zeitungen: Autor des Artikels mit ausgeschriebenen Vornamen bzw. o.V. (= ohne Verfasserangabe), Titel des Artikels, Bezeichnung der Zeitschrift/Zeitung, Jahrgang/Jahr, Seite(n)
- Auskünften: Form der Auskunft (mündlich, telefonisch, schriftlich), Name und ausgeschriebene Vornamen sowie Titel, Position/Stellung des Auskunftgebers, Datum der Auskunft.
- Arbeitspapieren, Geschäftsberichten, Gutachten, Prospekten, Stellungnahmen u.ä.m.: Autor mit ausgeschriebenen Vornamen bzw. o.V. (= ohne Verfasserangabe) bzw. Institution, Titel der Publikation, Erscheinungsort, Jahrgang/Jahr, Seite(n).
- Gesetzen, Verordnungen: Name des Gesetzes/der Verordnung, Datum des Gesetzes/der Verordnung, Name der Fundstelle (z.B. Bundesgesetzblatt), Erscheinungsjahr der Fundstelle, evtl. Band/Teil o.ä., Seite(n).

III. Gliederung

a. Kurzkennzeichnung

Jeder wissenschaftlichen Arbeit ist eine mit Seitenzahlen versehene Gliederung voranzustellen.

Die Gliederung hat formal korrekt zu sein und muß sich sowohl in ihren einzelnen Punkten als auch im Gesamt als inhaltlich leicht erfaßbar und themenbezogen aussagefähig erweisen.

b. Kommentierung

1. Formale Ansprüche

aa. Konsequente Gliederungs-Klassifikation

Üblich ist in wissenschaftlichen Arbeiten entweder die Verwendung der rein numerischen Klassifikation (auch als dekadische Klassifikation bezeichnet) oder der gemischten Klassifikation in Form der alpha-numerischen Mischung.

Numerische Klassifikation:

1. …
    1.1. …
        1.1.1. …
        1.1.2. …
    1.2. …
2. …

Darst. 1: Numerische Klassifikation

Als alternative Schreibweise ist auch gebräuchlich, hinter der jeweils letzten Ziffer keinen Punkt zu setzen.

Alpha-numerische Klassifikation (Beispiel):

A. …
- I. …
  - a. …
    - 1. …
      - aa. …
        - 11. …
        - 22. …
      - bb. …
    - 2. …
  - b. …
- II. …

B. …

Darst. 2: Alpha-numerische Klassifikation

Wenn eine sehr tiefe Gliederung notwendig erscheint, können diesen Klassifikationen ‚Teile', ‚Kapitel', ‚Abschnitte' vorgeschaltet werden. Es ergibt sich dann folgendes Gliederungsbild:

Erster Teil …
- Erstes Kapitel
  - Erster Abschnitt …
    - A.
      - I.
        - a.
        - b.
      - II.
    - B.
  - Zweiter Abschnitt
- Zweites Kapitel

Zweiter Teil …

Darst. 3: Erweiterte alpha-numerische Klassifikation

Selbst bei dieser Vorschaltung kann die (rein) numerische Klassifikation auf eine so hohe Zahl von Stellen kommen, daß sie zur Intransparenz/Unübersichtlichkeit tendiert. Diese Negativtendenz läßt bei sehr tief gehenden Untergliederungen eher die alpha-numerische Klassifikation ratsam erscheinen.

Da Seminar- und Diplomarbeiten aber in aller Regel einen derartigen Tiefegrad nicht erreichen, liegt es (wenn entsprechende Vorgaben von Gutachterseite nicht entgegenstehen) im Belieben der Studierenden, welche Klassifikation sie wählen. Die gewählte Klassifikation ist dann allerdings strikt durchzuhalten!

bb. Tatsächliche Untergliederung

Die Logik fordert, daß bei Aufgliederung eines Oberpunktes (z.B. Aufgliederung von I.) zumindest zwei Unterpunkte erscheinen (im Beispiel: auf a. hat zumindest b. zu folgen).

Im Falle von

.
.
.
I.
    a.
II.
.
.
.

liegt nämlich gar keine Aufteilung von I. vor. Die zur Behandlung angekündigte ‚Themenmenge I.' ist mit der ‚Menge a.' identisch!

cc. Vollständige Untergliederung

Wird die in einem bestimmten Gliederungspunkt zur Behandlung angekündigte Themenmenge (durch Untergliederung in Untermengen) zerlegt, so ist diese Zerlegung über die Unterklassifikation vollständig zu erfassen.

Das heißt, zwischen einem Oberpunkt und dem nachgeordneten Unterpunkt dürfen **nur** die Untergliederung ankündigende/ erläuternde Texte auftreten. Inhaltlich eigenbesetzte Zwischentexte verbietet die Logik!

In bildlicher Darstellung:

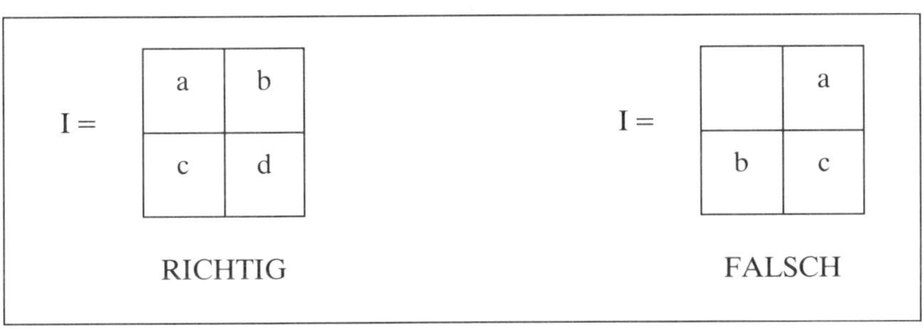

Darst. 4: (Un)Vollständigkeit der Untergliederung

Die als Vierecksinhalt zu verstehende Thementeilmenge I ist in der linken Darstellung vollständig klassifiziert, weist in der rechten Darstellung aber offenbar ein von der Klassifikation nicht erfaßtes Feld auf.

dd. Richtige Zuordnung von Ober- und Unterpunkten

Themenmengen, die auf derselben Stufe/demselben Gliederungsniveau ausgewiesen sind, dürfen zueinander nicht im Unterordnungsverhältnis stehen. Mit anderen Worten: Was einer Obermenge (z.B. der Menge I.) zuzuordnen ist, weil es eine Teilmenge dazu darstellt, darf nicht etwa (als Menge II.) der Obermenge (I.) in der Gliederung gleichgestellt werden.

Also beispielsweise **nicht**

I. Absatzpolitische Instrumente
   a. Produktpolitik
   b. Preispolitik
   c. Distributionspolitik
II. Kommunikationspolitik
III. Finanzpolitische Instrumente

sondern

I. Absatzpolitische Instrumente
   a. Produktpolitik
   b. Preispolitik
   c. Distributionspolitik
   d. Kommunikationspolitik
II. Finanzpolitische Instrumente

ee. Kriterienreine Untergliederung

Werden bestimmte Themenmengen weiter untergliedert, so hat dies nach inhaltlich zweckmäßig erscheinenden Kriterien zu geschehen. Dabei ist für den einzelnen Untergliederungsfall jeweils nur ein einziges Kriterium zu verwenden; eine Vermischung von Gliederungskriterien für die einzelne Untergliederung darf also nicht vorkommen.

Soll folglich – in Aufnahme obigen Beispiels – das absatzpolitische Instrument ‚Produktpolitik' differenziert werden, so können sich u.a. das Kriterium **‚Einsatzzeitpunkt im Produkt-Lebenszyklus'**

a. Produktpolitik
   1. Einführungsphase
   2. Wachstumsphase
   3. Reifephase
   4. Sättigungsphase
   5. Rückbildungsphase

oder das Kriterium **‚Produkteigenschaften als Ansatzpunkte der Produktpolitik'**

a. Produktpolitik
1. Politik hinsichtlich funktioneller Produkteigenschaften
2. Politik hinsichtlich ästhetischer Produkteigenschaften
3. Politik hinsichtlich sozialer Produkteigenschaften

anbieten.

Unzulässig ist jedoch eine Vermischung dieser zwei Kriterien etwa in Form von

a. Produktpolitik
1. Produktpolitik in der Einführungsphase
2. Ästhetische Produktpolitik
3. ...

ff. Angemessene Gliederungstiefe

Die Aufgliederung des Textes einer wissenschaftlichen Arbeit soll deren **Verständlichkeit** fördern, nicht aber Argumentations-, Beleg-, Beweisketten zerreißen und letztlich in für sich zu kleine (weil keine oder kaum noch Zusammenhänge repräsentierende) Teilstücke zerlegen.

Gedanklich zusammengehörige Teile sollten nicht durch den Ausweis von Gliederungspunkten unterbrochen werden. Sowohl der Gedankenfluß des Autors als auch der Verständnisfluß des Lesers soll bestimmte Strecken unbehindert (von eingezogenen Gliederungspunkten) bleiben.

Es ist also ein Mindesttextumfang pro Gliederungspunkt zu veranschlagen, der bei Seminar- und Diplomarbeiten ca. 1/2 Seite umfassen sollte.

Um andererseits den ‚Verständlichkeitsanspruch' nicht zu belasten, sollten als Obergrenze zwei Textseiten pro Gliederungspunkt vorgesehen werden, generell allerdings deutlich weniger.

2. Inhaltliche Ansprüche

aa. Verständlichkeit und Aussagefähigkeit der einzelnen Gliederungspunkte

Jeder einzelne Gliederungspunkt ist so zu formulieren, daß er

(1) inhaltlich schnell erfaßbar/verstehbar
(2) inhaltlich aussagefähig

ist.

Zu (1):

Um schnelle Erfaßbarkeit zu begünstigen, hat die Formulierung eines jeden Gliederungspunktes so kurz zu sein, wie es im Hinblick auf den Aspekt (2) möglich ist.

Auf keinen Fall sind ganze Sätze, eventuell noch mit Nebensätzen, auszubilden. Vielmehr ist konsequent die **‚substantivierte Ausdrucksweise'** zu verwenden.

Das heißt, es ist **nicht** zu formulieren

‚Änderungen, die im Verhalten von Konsumenten dann eintreten, wenn deren Freizeit zunimmt',

sondern z.B.

‚Änderungen des Konsumentenverhaltens bei steigender Freizeit'

Zu (2):

Die Formulierung jedes Gliederungspunktes soll kompakt ausfallen und dabei über den Inhalt der unter diesem Gliederungspunkt im Textteil gebotenen Ausführungen möglichst vollständig informieren. Von daher ist es also **unstatthaft**, sich bei einer Gliederungsüberschrift z.B. **nur** auf die Angabe

‚Zweites Kapitel'

oder auf

‚Zweites Kapitel: Hauptteil'

zu beschränken.

Die zweite Formulierung ist zwar länger, aber auch ohne Information hinsichtlich des dort konkret gebotenen Inhaltes.

bb. Verständlichkeit und Aussagefähigkeit der Gliederung insgesamt

Nach dem Thema ist die Gliederung in aller Regel das erste, dem sich der Leser zuwendet.

Wer nicht als Gutachter gezwungen ist, die gesamte Arbeit zu lesen, will aus der Gliederung zumindest Hinweise dafür bekommen, ob und inwieweit sich ein partielles oder totales Lesen der Arbeit lohnt. Die Gliederung soll in ihrer Gesamtheit eine **Erstinformation** über den Inhalt der vorliegenden Arbeit vermitteln. Auch von diesem Anspruch her sollte eine Gliederung nicht so tief gehen, daß sie unübersichtlich und damit hinsichtlich ihrer Kerninhalte schwer erfaßbar wird[10].

[10] Ist bei hoher Seitenzahl einer Arbeit eine entsprechend tiefe Gliederung unvermeidbar, so kann und pflegt man sich damit zu helfen, daß man zunächst eine Übersichtsgliederung (beschränkt auf in der Regel drei Klassifikationsstellen) und darauf die entsprechende Tiefgliederung anbietet. Selbst bei Diplomarbeiten wird dieser Fall allerdings kaum auftreten.

Im weiteren ist hinsichtlich des Gliederungsgesamt darauf zu achten, daß es themenbezogen einen Spiegel der Gedankenfolge(n) in der Arbeit bietet. Die im einzelnen zur Behandlung des Themas vollzogenen Ablaufschritte sollen sich dem Leser aus der Gliederung offenbaren, er soll den berühmten **‚roten Faden'** aus der Gliederung erkennen können.

IV. Definitionen, Prämissen, Untersuchungsdesigns

a. Kurzkennzeichnung

Jede wissenschaftliche Arbeit hat durchgehend offenzulegen, von welchen Begriffsinhalten und Prämissen sie jeweils ausgeht. Bei Bezugnahme auf Beobachtungen, Befragungen und/oder Experimente sind die Erhebungs- und Auswertungskonzeption der betreffenden empirischen Untersuchungen mitzuteilen (Untersuchungsdesign). Dieses hat klar und vollständig zu geschehen, muß in der präsentierten Form eingehalten werden und ist bei Bezügen auf Literatur mit abweichenden Definitionen, Prämissen und/oder Untersuchungsdesigns zu berücksichtigen.

Zu definieren sind alle Begriffe, die hinsichtlich ihres Inhaltes in der jeweiligen Wissenschaftsdisziplin (noch) nicht als allgemein vereinbart gelten können.

Für die sog. ‚thementragenden', d.h. als Themenbestandteil erscheinenden Begriffe ist dies von vornherein problemstellungsadäquat (in den Grundlagen der Arbeit) zu vollziehen. Begriffe, die im Verlauf der Arbeit relevant werden, sind jeweils ‚vor Ort' zu definieren.

b. Kommentierung

1. Definitionen

aa. Definitionsklarheit und Definitionskonstanz

Begriffe sind inhaltlich so weit oder eng (merkmalsreich oder –arm) zu besetzen, wie es für das jeweilige Untersuchungsziel zweckmäßig ist (problemstellungsadäquate Definition). Es besteht also nicht nur die Freiheit, sondern die Notwendigkeit, gemäß der anstehenden Fragestellung zu definieren.

Jede Definition muß hinsichtlich ihrer einzelnen Bestandteile (Einzelmerkmale des anstehenden Begriffs) und hinsichtlich der Verbindung/des Bezuges aller Bestandteile unmißverständlich sein.

An vollzogene Definitionen ist man gebunden. Dies besagt, in der abgelieferten Endfassung darf der Fall, daß eine Definition irgendwo verlassen wird, nicht vorkommen. **Definitionen sind** ohne jegliche Ausnahme **konsequent durchzuhalten**.

bb. Definitionen und Literaturbezüge

Verschiedene Autoren pflegen sich unterschiedlichen Untersuchungszielen zu widmen. Damit sind in den einzelnen Quellen unterschiedliche Begriffsverwendungen programmiert. Darauf ist bei der Literaturauswertung sorgfältig zu achten:

- angebliche Widersprüche zur Literatur/innerhalb der Literatur erklären sich eventuell ganz schlicht daraus, daß von unterschiedlichen Begriffsinhalten ausgegangen wurde,
- bestimmte Literaturquellen dürfen entweder überhaupt nicht oder nur unter Einfügung entsprechender Hinweise ‚zu Zeugen berufen' werden, wenn ihnen andere Begriffsverständnisse zugrundeliegen.

2. Prämissen

aa. Prämissenklarheit und Prämissenänderungen

Modellbildungen sind übliches Instrument wissenschaftlichen Arbeitens. Sie repräsentieren Vereinfachungen/Abstraktionen der Realität und sind häufig deshalb unverzichtbar, weil die Realität zunächst oder auch nachhaltig zu komplex erscheint, um sie (bereits) erfassen zu können.

Zu einem Modell gelangt man über vereinfachende Annahmen. Die in bestimmter Form und Anzahl getroffenen Annahmen bilden den Prämissensatz eines Modells. Über diesen Prämissensatz ist jeweils klar und vollständig zu informieren. Das heißt: Jede einzelne Prämisse unmißverständlich ausformulieren (keine stillen Prämissen). Im weiteren ist darauf zu achten, daß die Prämissen auch tatsächlich durchgehalten und nicht etwa stillschweigend variiert werden.

Jede **Prämissenänderung** oder Aufgabe einzelner Prämissen **bedeutet Modelländerung**. Diese hat man anzuzeigen.

Prämissenvariationen können und sollten sich möglichst in einer wissenschaftlichen Arbeit vollziehen. Denn sie bringen prinzipiell eine qualitative Aufwertung der Arbeit, da

- Prämissen-Modifikationen besagen, daß sich die Analyse nicht nur auf eine Situation, sondern auf verschiedene Situationen bezieht,
- Prämissenaufhebung die Aufhebung von Vereinfachungen bedeutet.

bb. Prämissen und Literaturbezüge

Die Anmerkungen zu ‚Definitionen und Literaturbezüge' gelten sinngemäß für ‚Prämissen und Literaturbezüge'.

Analysen in verschiedenen Quellen können und werden häufig von verschiedenen Prämissen ausgehen. Dies bedeutet generell, daß darauf bei den Literaturbezügen hinzuweisen ist. Es kann speziell für angebliche Widersprüche zur Literatur/innerhalb der Literatur bedeuten, daß gar keine Widersprüche vorliegen, die Unterschiedlichkeiten sich vielmehr einfach aus unterschiedlichen Prämissen erklären.

3. Untersuchungsdesigns

aa. Klarheit und Vollständigkeit im Untersuchungsdesign

Zunächst sind klare und vollständige Informationen darüber unabdingbar, wie eine Beobachtung, Befragung und/oder ein Experiment angelegt und durchgeführt wurde **(Erhebungsdesign)**. Ohne diese Informationen ist die Einschätzung/Beurteilung der jeweiligen Untersuchungen nicht möglich. Zu den erforderlichen Angaben gehören:

- Art der Probandenauswahl (z.B. Zufallsauswahl aus Telefonbuch)
- Zahl und Struktur der ausgewählten Probanden (u.a. können relevant sein: geographische Verteilung, Geschlechter-, Alters-, Bildungs-, Berufs-, Einkommensverteilung)
- Art der Untersuchungen (z.B. vollstrukturierte mündliche Einzelinterviews → vollständige Offenlegung des Interviewtextes)
- Durchführungsort der Untersuchungen (z.B. in der Wohnung der Probanden)
- Zeitpunkt/Zeitraum der Untersuchungen
- Anzahl/Abfolge der Untersuchungen (Retests und/oder Paralleltests?)[11]

Dabei hat man zu begründen, weshalb die gewählte Untersuchungsmethodik materiell gültige (= valide) Ergebnisse erwarten läßt[12].

Im weiteren ist über die Auswertungsmethodik, d.h. über die verwendeten Methoden zur Datenverdichtung und Datenanalyse zu informieren **(Auswertungsdesign)**. Aus den entsprechenden Angaben läßt sich schließen, ob (für das jeweilige Datenmaterial) zulässige Operationen vollzogen und damit seriöse Interpretationsgrundlagen gelegt wurden.

---

[11] Über den mehrmaligen Einsatz eines Testinstrumentes in möglichst kurzzeitigem Abstand (Retest) oder den gleichzeitigen Einsatz mehrerer verschiedener Instrumente bei gleichem Probandenkreis (Paralleltest) läßt sich die Reliabilität prüfen. Reliabilität bezeichnet die formale Genauigkeit von Meßverfahren. Sie ist als gegeben anzunehmen, wenn wiederholte Meßvorgänge unter sonst gleichen Rahmenbedingungen zu gleichen Werten führen.

[12] Validität läßt sich dann konstatieren, wenn Identität von Meßergebnis und Meßabsicht angenommen werden kann, die zu gewinnenden/gewonnenen Daten also genau das messen/kennzeichnen, was gemessen/erfaßt werden sollte.

bb. Untersuchungsdesigns und Literaturbezüge

Bei der Verarbeitung/beim Vergleich verschiedener empirischer Untersuchungen ist auf deren Übereinstimmung oder Abweichung in der Anlage und Durchführung zu achten und ihre Gültigkeit zu beurteilen. Untersuchungsergebnisse können sich als partiell ungeeignete oder gar völlig unbrauchbare Quellen erweisen, weil sie aufgrund

- ihrer Probandenerfassung keine repräsentativen/allgemeinen Schlüsse zulassen (von vornherein zu geringe Probandenzahl oder zu geringe Rücklaufquote)
- ihrer methodischen Anlage zu keinen treffenden Schlüssen kommen (z.B. Untersuchung ungeeigneter Probanden, Untersuchung/Auswertung mit ungeeigneten/unzulässigen Methoden)
- ihres Untersuchungszeitpunktes/-zeitraumes als veraltet und damit überholt gelten müssen.

V. Stil und Sprachregeln

a. Kurzkennzeichnung

Eine Arbeit, die als wissenschaftlich eingestuft werden will, muß aus klaren Gedanken in klarer Abfolge bestehen. **Gedanken und Gedankenfolgen** können beim Leser/Gutachter nur dann ‚klar‘ ankommen, wenn sie in **eindeutig verständliche, aussagefähige Worte, Sätze und Satzfolgen** gefaßt sind.

Die Suche nach dem treffenden Wort und das Feilen an den Formulierungen dürfen folglich **nicht** als kosmetische Randerscheinungen begriffen werden. Sie sind Arbeit am Inhalt, da sie darauf zielen, Inhalte klar, unmißverständlich, prägnant hervortreten zu lassen.

Die Kunst des wissenschaftlichen Arbeitens besteht somit nicht allein darin, zu klaren Gedanken und folgerichtigem Denken fähig zu sein. Vielmehr gehört auch die Fertigkeit dazu, die jeweiligen Einzelgedanken und Gedankenketten dem Leser/Gutachter klar verständlich übermitteln zu können. Stilformen, die der Realisierung dieses Grundanspruches entgegenstehen, sind also zu vermeiden.

Auch Stilformen, die auf den anzusprechenden Leser-/Gutachterkreis irritierend wirken können, sind zu meiden. Denn jede Irritation bedeutet Ablenkung und Wahrnehmungsbeeinflussung. Ablenkungen erschweren das Verstehen des Inhaltes der wissenschaftlichen Arbeit, und Wahrnehmungsbeeinflussung kann sich als ungünstige Einfärbung des Grundeindruckes von der wissenschaftlichen Arbeit äußern. Diese Negativeinfärbung (als Erscheinungsform des Irradiationsphänomens[13]) wirkt sich im Extrem so aus, daß von einem Stil, der nicht den Usancen einer Wissenschaftsdisziplin entspricht, insgesamt auf Unwissenschaftlichkeit der entsprechend abgefaßten Arbeit geschlossen wird.

Schließlich ist die Einhaltung des Regelwerkes der verwendeten Sprache hinsichtlich Rechtschreibung, Zeichensetzung und Grammatik anzumahnen.

Zum einen kann die Nichteinhaltung dieser Regeln unmittelbar mit zu den Begutachtungskriterien gehören. Davon ist in jedem Fall bei geisteswissenschaftlichen Arbeiten auszugehen.

Zum anderen können zumindest wiederholte Regelverstöße bei Lesern/Gutachtern auch Irritationen im zuvor erläuterten Sinne auslösen. In diesem Fall, und wenn aus falscher Zeichensetzung und/oder grammatikalischen Fehlern inhaltliche Verfälschungen resultieren, ist indirekt mit Auswirkungen auf die Bewertung der Arbeit zu rechnen.

b. Kommentierung

Hier soll keine umfassende Einführung in die allgemeine Stilkunde geboten werden[14]. Ziel ist, über häufig auftretende, den Wert wissenschaftlicher Arbeiten mindernde oder gar aufhebende Stilmängel pointierend zu informieren und damit gegen diese Mängel zu sensibilisieren.

Die ‚Sprachregeln' benötigen hier keine Kommentierung, weil dazu kompetente Nachschlagewerke[15] existieren.

1. Wortwahl/Ausdrucksweise

aa. Worte als Spiegel von Gedanken

Die gewählten Worte müssen den Inhalt der Gedanken so vollkommen spiegeln, wie dieses sprachlich erreichbar ist. Die Bedeutung der **Worte** muß also inhaltlich möglichst **identisch zu den Gedankeninhalten** sein: Sowohl Unterschußbedeutungen (die Worte sagen zu wenig aus) als auch Überschußbedeutungen (die Worte sagen zu viel aus) sind zu minimieren.

---

[13] Irradiationsphänomen bezeichnet die Ausstrahlung von einem Wahrnehmungselement auf andere Elemente, im Sinne von positiver oder negativer Einfärbung der Wahrnehmung anderer Elemente.

[14] Dazu kann auf einschlägige Schriften zurückgegriffen werden. Besonders empfohlen seien Ludwig Reiners, Stilfibel, Erstausg. 1951, 24. Aufl., München 1990 (265 S.) und Ludwig Reiners, Stilkunst, Erstausg. 1943, völlig überarb. Ausgabe München 1991 (542 S.) sowie als spezieller Lehrtext für Ökonomen: Erwin Dichtl, Deutsch für Ökonomen, München 1996.

[15] Hingewiesen sei auf die jeweils letzten Auflagen von: DUDEN-Rechtschreibung, DUDEN-Grammatik und Gabriele Luik, Stolpersteine, Bonn.

Die Suche nach den treffenden Worten, das Abwägen von Worten, das Verbinden von Worten, das Prägen von neuen Worten oder Wortverbindungen soll möglichst in Volltreffern der Art enden, daß man seine Gedanken als vollkommen gespiegelt empfindet.

Dabei ist jeweils zu bedenken, ob dieses dann auch für die Leser/Gutachter angenommen werden kann. Zu fragen ist folglich: Kann und wird sich das Eigenempfinden mit dem Empfinden des Lesers/Gutachters decken oder muß man ihnen das Gedankengut eventuell in andere/zusätzliche Worte kleiden, damit sie es übereinstimmend verstehen können? Bei derartigem Bemühen hat sich die Suche durchgehend auf Worte/Ausdrucksweisen folgenden Typs zu konzentrieren:

- eindeutig verständlich (versus mehrdeutig/mißverständlich)
- prägnant (versus unscharf/unklar)
- inhaltlich aussagefähig (versus inhaltsleer/nichtssagend).

bb. Wissenschaftsadäquate Ausdrucksweise

Das Wort und die Ausdrucksweise haben in wissenschaftlichen Texten keine Eigenfunktion, sondern sind in dienender Funktion zu sehen. Sie sollen nicht von Gedanken und Gedankengängen ablenken (z.B. in Form von bloßen Wortspielereien oder emotionsgeladenen Ausdrucksweisen), sondern diese so direkt und klar wie möglich mitteilen. Das heißt, weder die poetische Ausdrucksweise noch affektierter, gespreizter, gewundener, salbungsvoller oder schwülstiger Stil sind angemessen, sondern die **sachlich klare Sprache**. Dies braucht und sollte allerdings nicht langweilige und ermüdend-eintönige Ausdrucksweise bedeuten. Sprachlicher Variantenreichtum ist häufig nicht nur unabdingbare Voraussetzung für die treffende Umsetzung differenzierter Einzelgedanken und Gedankengänge. Eine anschauliche, ausdrucksvolle, plastische Sprache erweist sich häufig auch als ein geeignetes Mittel, um Lesern/Gutachtern das Verstehen zu erleichtern.

Dazu können in Einzelfällen auch **umgangssprachliche Wörter und Wendungen** dienen. Generell aber zeigen sich die Umgangssprache und der an der Umgangssprache orientierte journalistische Stil wissenschaftlichem Arbeiten nicht angemessen. Denn sie stehen häufig für unreflektiertes Daherreden, sind mehr von Gefühlen als vom Denken beherrscht, zielen auf bloßes Gefallen oder auch Manipulieren und neigen damit zu Unschärfen, Übertreibungen, Simplifizierungen sowie anderen ‚Unwissenschaftlichkeiten'.

Das umgangssprachliche Daherreden führt nicht selten auch zu so wenig pfleglichem Umgang mit Wörtern, daß es zu Ausdrucksweisen kommt, die in einer vorgeblich wissenschaftlichen Arbeit schlichtweg peinlich wirken.

Als Beispiele seien nur genannt:

- die einzigste Ausnahme[16]

---

[16] ‚Einzig' bedeutet bereits ‚nur einmal vorhanden'.

- die Verwechslungen von ‚der/die/dasselbe' (= Identität) mit ‚der/die/das gleiche' (= Ähnlichkeit)
- der falsche Gebrauch von ‚scheinbar' (= in Wirklichkeit nicht vorhanden, nur dem Scheine nach) und ‚anscheinend' (= augenscheinlich, offenbar).

Auf jeden Fall zu vermeiden sind auch die in der Umgangssprache beliebten/häufig vorkommenden

- Füllwörter wie JA, NUN, ... (also nicht: ‚Wie ja nun ersichtlich ...', sondern schlicht: ‚Wie ersichtlich ...')
- Rückversicherungs-Wörter wie IRGENDWIE, GEWISSERMASSEN, WOHL, AN UND FÜR SICH
- Argumentationsersatz-Wörter wie NATÜRLICH, SELBSTVERSTÄNDLICH
- übertreibenden Ausdrucksweisen wie UNGLAUBLICH hohe Kosten, HIMMELSCHREIEND schlechte Verhältnisse, IMMENSE Steigerung, ENORME Einsparung
- pleonastischen Ausdrucksweisen[17] wie ‚SICH EINANDER GEGENSEITIG ausschließend ...', ‚Die Entscheidung ist WIEDER VON NEUEM ...'
- tautologischen Ausdrucksweisen[18] wie EINZIG UND ALLEIN, NIE UND NIMMER, IMMER UND EWIG.

Reichhaltige Verwendung möglichst seltener und damit weitgehend unbekannter **Fremdwörter** wird nicht selten als untrügliches Zeichen von ‚Wissenschaftlichkeit' empfunden. Das ist ein Irrtum!

Jede Wissenschaftsdisziplin hat zwar ihre Fachterminologie entwickelt, sich also ihre eigenen Kürzel für fachspezifische Erscheinungsformen und Sichtweisen geschaffen. Die Verwendung dieser Fachtermini ist schon zur Textkompression und damit zur Raum- und Zeitersparnis vernünftig und deshalb angezeigt. Eine künstliche, weil überzogene Anhäufung von Fremdwörtern in Texten provoziert aber eher Skepsis beim fachkundigen Leser, als daß sie ihn positiv beeindruckt. Der Leser/Gutachter neigt dann nämlich zu der Frage, ob die betreffende Arbeit dies zum Überdecken inhaltlicher Armut/Leere nötig hatte. Jedenfalls bekommen Trivialitäten und Gehaltlosigkeiten durch die Verbrämung mit Fremdwörtern keinen wissenschaftlichen Wert[19].

Wird ein derartiges Vortäuschen von Wissenschaftlichkeit offengelegt, wofür eine große Wahrscheinlichkeit anzunehmen ist, so erscheint der Autor zumindest als Blender, wenn nicht gar als Scharlatan. Das heißt, es kommt zu

---

17 Pleonasmus bezeichnet die überflüssige Häufung sinngleicher oder sinnähnlicher Ausdrücke.

18 Tautologie bezeichnet im hiesigen Zusammenhang den Gebrauch von zwei synonymen Wörtern in einer Wortgruppe.

19 So mag es zwar erkenntnisschwer klingen, wenn formuliert wird: Das olfaktorische Potential finanzieller Ressourcen stagniert permanent auf Zero-Niveau!
Die damit verbrämte Aussage ‚Geld stinkt nicht' birgt aber keinesfalls eine neue Erkenntnis.

Qualifizierungen, die für einen Autor/eine Autorin mit wissenschaftlichen Ambitionen vernichtend sind.

Grundsätzlich ist damit zu raten: Fremdwörter in dem Maße verwenden, wie dieses notwendig erscheint, und sich dabei sorgfältig hinsichtlich des Bedeutungsgehaltes der einzelnen Fremdwörter vergewissern. Denn mit fehlerhaften Verwendungen oder Verwechslungen disqualifiziert man sich und macht sich eventuell gar lächerlich.

Angesprochen sind damit auch Fälle wie

- die ‚optimalere Situation', zu der dann noch die ‚optimalste Lösung' folgt[20]
- die ‚vorprogrammierte' Konsequenz[21]
- die ‚Zukunftsprognose', zu der mancher dann auch noch Methoden zu kennen vorgibt, die ‚sichere Zukunftsprognosen' erlauben[22].

Zudem ist die richtige Schreibweise der Fremdwörter anzumahnen. Denn insbesondere eine ‚konsequent' falsche Schreibweise von Fachfremdwörtern kann manchen Leser/Gutachter ebenfalls mehr als oberflächlich irritieren.

cc. Sprachusancen

Durchgehend **unüblich** ist es in wissenschaftlichen Arbeiten, in der **‚Ich-Form'** oder in der **‚Wir-Form'** zu schreiben. Dies gilt für die ‚Wir-Form' auch im Fall eines Verfasserteams.

Erklären läßt sich diese Gepflogenheit daraus, daß seriöses wissenschaftliches Arbeiten stets forderte, verwendetes fremdes geistiges Eigentum lückenlos über die entsprechende Zitierweise anzuzeigen. Daraus läßt sich ableiten: Alle Passagen einer wissenschaftlichen Arbeit, die mehr als Allgemeinwissen präsentieren, aber keinen Zitiervermerk tragen, sind Eigenleistungen des Autors/der Autorin bzw. der Autorengemeinschaft.

Die eigenständige sprachliche Annonce für diese Passagen ist überflüssig. Sie kann Leser/Gutachter sogar irritieren, weil sie aufdringlich wirkt und/oder zu anderen negativen Assoziationen führt. Diese anderen Negativassoziationen erklären sich z.B. aus dem Vergleich folgender Alternativen:

(1) „Nach meiner ganz persönlichen Einschätzung ist daraus zu folgern, daß …".

(2) „Daraus ist zu folgern, daß …".

Das Formulierungsmuster (2) kann gar manchen Leser/Gutachter hinsichtlich des Inhaltes eher zu Assoziationen wie ‚allgemeingültig/bindend' und hinsichtlich des Autors/der Autorin eher zu der Assoziation ‚überzeugt/sicher' führen als das Muster (1). Denn im Muster (1) ist sprachlich ein Maß an Rück-

---

[20] Da ‚optimal' bereits die höchste Steigerungsform (Superlativ) ausdrückt, ist eine weitere Steigerung ausgeschlossen.

[21] Die Vorsilbe ‚pro' bedeutet bereits ‚vor'.

[22] Da jede Prognose nur auf die Zukunft gerichtet sein kann und die Zukunft in jedem Fall unaufhebbar unsicher ist, sind sichere Prognosen logischerweise unmöglich.

versicherung angelegt, das Leser/Gutachter geradeheraus zum Zweifeln provozieren kann. Schließlich ist von Verfasserseite selbst signalisiert, daß es sich bei der betreffenden Folgerung lediglich um eine ‚ganz persönliche Einschätzung' handelt.

Weitere Sprachusancen sind zwar speziellerer Art, können einer Arbeit aber durchaus in stärkerer Form das (Vor-) Urteil ‚unwissenschaftlich' eintragen.

Dazu gehören

(1) Divergenzen im Sprachgebrauch von Wissenschaft und Praxis
(2) Divergenzen im Sprachgebrauch verschiedener Wissenschaftsdisziplinen aufgrund unterschiedlicher ideologischer und/oder methodischer Ausrichtung.

Zu (1):

Es soll hier nicht der frühere Hinweis erneut kommentiert werden, daß die Umgangssprache und der umgangssprachlich orientierte journalistische Stil grundsätzlich nicht den Ansprüchen wissenschaftlicher Ausdrucksweise entsprechen. Vielmehr richtet sich der Hinweis darauf, daß bestimmte Termini in der Sprache der Wissenschaft deshalb verpönt sind, weil sie als unsinnig gelten.

So sind fast alle Wirtschaftswissenschafter zumindest irritiert, wenn ihnen der Terminus ‚**Un**kosten' begegnet, gar mancher reagiert ‚säuerlich', wenn etwas ‚**ver**bucht' wird[23].

Zu (2):

Das verbindende Kennzeichen der zu Kategorie (2) gehörigen Fälle ist, daß sich eine bestimmte Wissenschaftsdisziplin ideologisch und/oder methodisch (und damit eventuell auch hinsichtlich ihres Erkenntniszieles) speziell definiert hat und es als Folge davon gewöhnt ist, ihre eigene Terminologie zu verwenden.

Zur Illustration seien nur zwei unterschiedliche methodische Ansätze in der Betriebswirtschaftslehre angesprochen, nämlich die mathematisch ausgerichtete und die verhaltensorientierte Betriebswirtschaftslehre[24].

---

[23] Diese Irritationen resultieren daraus, daß üblicherweise die Vorsilbe ‚UN' mit ‚NICHT' (entsprechend unschön, ungerade, Undank) und die Vorsilbe ‚VER' mit ‚FALSCH' (entsprechend verheben, verhören, verlaufen) identifiziert wird.
Zwar sind die sprachlichen Gleichsetzungen in dieser Form sprachlich nicht zwingend, dies ändert aber nichts an ihrer irritierenden Wirkung auf die Leser/ Gutachter, die auf dieses Sprachverständnis programmiert sind.
Vgl. auch J. Altmann, Begriffsverwirrungen in der Ökonomie, Von Konjunktur und Unkosten, in: Wirtschaftsstudium, Jg. 1991, 5. 701–706.

[24] Im ideologischen Überbau sei z.B. auf die Differenzierung in die sog. sozialistischen und die sog. kapitalistischen Wirtschaftswissenschaften verwiesen.

Der mathematische Betriebswirt akzeptiert als wissenschaftlich eventuell nur Modelloperationen, die in unumstößlichen Beweisen enden. Der verhaltensorientierte Betriebswirt dagegen ist es gewohnt, keine Beweise in naturwissenschaftlicher Form liefern zu können, sich vielmehr mit Argumentationen und Belegen zufrieden geben zu müssen. Es soll damit keinesfalls behauptet werden, daß die Vertreter beider Richtungen sich gegenseitig durchgehend 'Unwissenschaftlichkeit' vorwerfen. Viele Fachvertreter sind gar nicht einseitig exponiert. Es erscheint aber der taktische Hinweis angebracht, daß sich ein Kandidat/eine Kandidatin darüber klar sein sollte, für wen er/sie die jeweilige Arbeit schreibt.

2. Satzbildung

aa. Klarheit

Das Bemühen um klare, inhaltlich treffend-aussagefähige Worte und Ausdrucksweisen hat sich in der Satzbildung fortzusetzen.

Generelle Voraussetzung für die Erfüllung des Anspruches auf Klarheit ist, die einzelnen **Sätze** eher **kurz** zu **halten** als lang auszulegen.

Mancher Verfasser hat bei seinen verschachtelten Bandwurmsätzen schon selbst den Über- und Durchblick verloren[25]. Damit ist dann sicher, daß der Leser/Gutachter bei diesen Sätzen ebenfalls keine Verständnischance hat.

Selbst wenn Bandwurmsätze grammatikalisch und logisch in Ordnung sind, so erschweren sie dem Leser/Gutachter doch die Aufnahme der formulierten Gedanken und unterbrechen seinen Verständnisfluß. Die Verständnisstörung kann sogar nachhaltig sein, wenn keine Bereitschaft zu wiederholtem Lesen besteht oder auch wiederholtes Lesen nicht zum Verstehen führt.

Das Streben in Richtung auf kurze Sätze sollte allerdings auch nicht überzogen werden. Konsequente Verkürzung der Sätze bis zum grammatikalisch zulässigen Maß führt zu völligem Verzicht auf Nebensätze, d.h. zum Hauptsatzstil. Diese auch als Asthmastil bezeichnete Stilvariante wirkt schnell eintönig. Während dieser Stil also einerseits das Verständnis erleichtert, so wirkt er andererseits ermüdend. Er birgt damit die Gefahr, daß selbst interessante Gedanken(gänge) fade und langweilig erscheinen und daß Leser/Gutachter von daher unaufmerksam werden.

Satzklarheit bedingt im weiteren, daß im jeweiligen Satz alle **Bezüge eindeutig** sind.

---

[25] So im folgenden Beispiel: „Als Verfahren zur Lösung der optimalen Verteilung des Werbebudgets auf Werbeträger wird die Lineare Programmierung vorgeschlagen, mit deren Hilfe es möglich ist, das begrenzte Werbebudget so aufzuteilen, daß unter Berücksichtigung verschiedener Nebenbedingungen eine Zielbedingung, so z.B. eine optimale Werbewirkung, maximiert oder aber minimiert, in bezug auf ein geringes Werbebudget, minimiert wird".

Dies ist im folgenden Negativbeispiel nicht gesichert: „Die Modellierungen des Käuferverhaltens sind seit langem Bestandteil der Marketingwissenschaft, deren Gewichtigkeit unzweifelhaft ist."

Wahrscheinlich meinte der Verfasser: ‚Die Modellierungen des Käuferverhaltens, deren Gewichtigkeit unzweifelhaft ist, sind seit langem Bestandteil der Marketingwissenschaft.' (Allerdings bleibt auch bei einer derartigen Formulierung als Unklarheit, in welcher Hinsicht/in bezug auf was die Gewichtigkeit aus welchen Gründen unzweifelhaft ist.)

bb. Substanz

Jeder einzelne Satz muß inhaltlich etwas aussagen. **Substanzlose Sätze sind überflüssige Sätze.** Es ist also darauf zu achten, daß keine Sätze des folgenden Typs unterlaufen:

- Wenn der Hahn kräht auf dem Mist, ändert sich das Wetter oder es bleibt so, wie es ist!

  Zumindest sehr in der Nähe des obigen Satztyps liegen diese ‚Blüten':

- „Die Kontrolle des Absatzweges ist nur begrenzt möglich."[26]
- „Als Beurteilung der Methode ergibt sich, daß sie eine genaue Prognose nicht ermöglicht."[27]

cc. Logik

Formulierte Sätze sind auf ihre **innere Logik** zu überprüfen. Wenn dazu Fehler unterlaufen, so gehören sie in der Regel zu einer der folgenden Kategorien:

- **Widersprüche**
  (z.B.: „Die Konsequenzen sind zwar zeitunabhängig, können sich kurz- und langfristig aber doch voneinander unterscheiden.")
- **Scheinkausalitäten**
  (z.B.: „Weil es sich um ein taktisches Ziel handelt, ist auch keine Operationalität gegeben."[28])
- **Kriterienwechsel bei Gliederung**
  (z.B.: „Entweder die Sonne scheint oder sie scheint nicht, oder es herrscht Nebel.")

---

[26] Gibt es überhaupt eine Kontrolle, die unbegrenzt möglich ist? Nach der Vorstellung Einsteins sind nur zwei Dinge unendlich: Das Universum und die menschliche Dummheit. Allerdings soll Einstein dazu weiter erklärt haben: „Bei dem Universum bin ich mir noch nicht ganz sicher!"

[27] Keine Methode ermöglicht eine genaue Prognose, da jede Prognose in die Zukunft geht und die Zukunft in jedem Fall unaufhebbar unsicher ist.

[28] Ein taktisches Ziel ist ein zeitlich kurz ausgreifendes Ziel, ein operationales Ziel ist ein meßbares und damit kontrollierbares Ziel. Ein Kausalitätszusammenhang existiert nicht, da aus der Kurzfristigkeit weder automatisch Meßbarkeit noch Nicht-Meßbarkeit folgt.

3. Satzfolge

Die aufeinanderfolgenden Sätze sollen den **Ablauf des Gedankenganges** spiegeln. Also müssen diese Sätze für den Leser/Gutachter erkennbar aufeinander aufbauen. Verstöße gegen diese Grundregel provozieren Unterbrechungen im Verständnisfluß.

Es ist jeweils strikt darauf zu achten, daß die Verbindungen zwischen den einzelnen Sätzen die Folgerungen aus den einzelnen Gedanken sprachlich korrekt darstellen. Beginnt ein Folgesatz z.B. mit ‚EBENSO' oder ‚GENAUSO', zeigt er inhaltlich dann jedoch höchstens einen Ähnlichkeitsfall, so handelt es sich zumindest um eine sprachliche Schludrigkeit, die den Leser/Gutachter zu irritieren vermag. Als allgemeiner Anspruch ist **‚Widerspruchsfreiheit'** zwischen den einzelnen Sätzen zu erfüllen. Die einzelnen Sätze müssen sich zueinander konsistent zeigen.

Um **inhaltliche Substanz** zu erreichen, ist im weiteren darauf zu achten, daß ein begonnener Gedanke inhaltlich tatsächlich ausgeführt wird.

Enden ‚Gedankengänge' wie in den folgenden beiden Beispielen, so kann von inhaltlicher Vollendung sicher keine Rede sein:

(1) „… . Ziel muß also sein, sich schnell einen großen Nachfragerkreis zu schaffen. Dieses ist durch **geschickte** (Hervorhebung A. B.) Werbung möglich."

(2) „… . Für erwerbswirtschaftliche Unternehmen reicht es nicht, allein auf die Kosten zu achten. Vielmehr sind **vernünftige** (Hervorhebung A. B.) Ertrags-Kosten-Relationen anzustreben."

Wenn schon mit Wörtern wie ‚geschickt' und ‚vernünftig' gearbeitet wird, die in diesen Zusammenhängen lediglich diffus eine Verhaltensrichtung andeuten, so muß mindestens ein Satz folgen. Dieser hat zu erklären, was unter **‚geschickter'** Werbung bzw. unter **‚vernünftigen'** Ertrags-Kosten-Relationen zu verstehen ist.

In diesem Zusammenhang sei auch daran erinnert, daß ein Satz mit Bestandteilen wie ‚GENERELL/IM ALLGEMEINEN/IN DER REGEL' zumindest einen Nebensatz oder Folgesatz fordert. In dem Neben- oder Folgesatz sind die offen gelassenen Ausnahmen unter Angabe ihrer Gründe anzugeben.

Es ist auch ein Fall des inhaltlich unvollendeten Gedankens/Gedankenganges, wenn es z.B. heißt:

„Ökologisch unbedenklichere Produkte haben zum Teil bisher nur enge Märkte. Als Haupthindernis ihrer stärkeren Marktdiffusion erscheinen ihre (gegenüber herkömmlichen Produkten) höheren Preise."

Brechen die Ausführungen damit ab, so bleibt zumindest offen

- welcher Teil der ökologisch unbedenklicheren Produkte bislang nur enge Märkte aufweist
- welche weiteren Hinderungsgründe neben dem Preis wirken.

Um das Verstehen von **Gedanken** zu erleichtern, sind diese entsprechend dem Grade ihres Zusammenhanges zu **gruppieren**. Dazu dient übergeordnet die Gliederung der Arbeit, innerhalb der einzelnen Gliederungspunkte übernimmt diese Funktion die **Abschnittbildung**. Das Ende eines Gedankenschrittes und der Beginn der folgenden Sequenz sollten sich also zumindest in einer Strukturierung der Satzfolgen durch Abschnitte spiegeln.

Schließlich ist darauf hinzuweisen, daß die Textstrukturierung über ausgewiesene Gliederungspunkte nicht zu Schreibvereinfachungen folgender Art führen darf:

(1) „.... Dies bedingt zunächst eine Klärung der

II. OPERATIONALISIERUNGS-KRITERIEN ....“

Korrekt: .... Dies bedingt zunächst eine Klärung der Operationalisierungs-Kriterien.

II. OPERATIONALISIERUNGS-KRITERIEN

....

(2) „**I: DAS AKZEPTANZMODELL**
hat den Vorteil, daß es ....“

Korrekt: z.B.: **I. DAS AKZEPTANZMODELL**

Der Vorteil des Akzeptanzmodells liegt darin, daß ....

(3) „**I. DER OLIGOPOLFALL**
Er bringt gegenüber der Monopolanalyse als zusätzliche Schwierigkeit ....“

Korrekt: z.B.: **I. DER OLIGOPOLFALL**

Die Analyse des Oligopolfalles bringt gegenüber der Monopolanalyse als zusätzliche Schwierigkeit ....

VI. Eigenständigkeit: Erkenntnisfortschritt und/oder Originalität

a. Kurzkennzeichnung

Wissenschaftlicher Wert ist einer Arbeit nur dann zuzuerkennen, wenn sie als **eigenständige Leistung** erscheint. Die Eigenständigkeit kann darin begründet sein, daß die Arbeit Erkenntnisfortschritt vermittelt und/oder Originalität in der Dokumentation und Aufbereitung vorliegender Erkenntnisse zeigt.

b. Kommentierung

Erkenntnisfortschritt vollzieht sich höchst selten in genialen Großsprüngen. In aller Regel ist es das geduldige und damit zeitraubende Erarbeiten kleiner Schritte, in dem sich Fortschritt vollzieht.

Für ein Arbeiten an der Grenze zum Fortschritt sind bei den Verfassern von Seminar- und Diplomarbeiten zum einen erst Anfangsqualifikationen anzunehmen, zum anderen pflegen diese Arbeiten unter strikten Zeitlimits zu stehen und schon von daher schlechte Voraussetzungen für Erkenntnisfortschritt zu bieten.

Die Verfasser von Seminar- und Diplomarbeiten sollten aber in jedem Fall um Eigenleistungen auch in dieser Richtung bemüht sein und sich mit eigenen Ideen vorwagen.

Dies kann damit beginnen, daß man in die Fragestellung auch Themenaspekte einbezieht, die in der Literatur bislang ignoriert, nur gestreift oder nur generell behandelt wurden. Daraus können Beiträge/Ansätze zur Schließung von Erkenntnislücken resultieren.

Hinweise auf Erkenntnislücken, auf Widersprüche in Erkenntnissen, auf Fragwürdigkeiten in Erkenntnissen (wegen zweifelhafter Grundlagen oder zweifelhafter Verknüpfungen von Einzelelementen) können sich aus der Literaturbearbeitung ergeben.

Voraussetzung für das Erkennen dieser Ansatzmöglichkeiten ist, daß man sich der Literatur nicht leichtgläubig übergibt, sondern die **kritische Auseinandersetzung mit der Literatur** sucht. Nur so besteht die Chance, zu eigenständigen Beurteilungen vorliegender Erkenntnisse und zu eigenständigen Folgerungen aus existenten Erkenntnissen zu kommen. Nähere Hinweise dazu wurden bereits im Rahmen der Ausführungen zur Literaturbearbeitung und zu Untersuchungsdesigns gegeben.

Originalität in der Dokumentation und Aufbereitung vorliegender Erkenntnisse kann und sollte sich zunächst in folgenden Formen zeigen:

- Eigenständigkeit im Konzept der Problembearbeitung (literaturabgehobener Gang der Untersuchung mit entsprechend eigener Gliederung)
- Eigenständigkeit in der Darstellung/Illustration und in der Verdichtung und Verknüpfung vorliegender Erkenntnisse (u.a. eigene Berechnungen, eigene Tabellen, eigene Grafiken und Schaubilder, eigene Illustrationsbeispiele)
- Eigenständigkeit in den Texten bei Wiedergabe/Kommentierung vorliegender Erkenntnisse (u.a. treffende, adäquat selektive und differenzierte, knappe, prägnante Spiegelung vorliegender Erkenntnisse in eigenen Worten).

Originalität kann sich zudem in der Definition von Begriffen ausdrücken. Allerdings sollte dies nicht ‚krampfhaft' geschehen. Zeigt die Literatur eine dem abgegrenzten Untersuchungszweck voll entsprechende Begriffsfassung, so spricht nichts gegen deren (korrekt zitierte) Übernahme.

Möglichst völlig frei sein sollte die abgelieferte Arbeit allerdings von ‚Originalitäten' in Form eigener Rechtschreibung, Grammatik und Zeichensetzung!

Ebenfalls unerwünschte ‚Originalitäten' bilden alleinige Behauptungen, Mutmaßungen und Spekulationen. Auch auf reine Glaubensbekenntnisse und bloße Meinungsbekundungen ist in wissenschaftlichen Arbeiten zu verzichten, weil sie sich nicht überprüfen und damit nicht widerlegen (nicht falsifizieren) lassen.

Hypothesen sind dagegen willkommen, wenn sie als solche deklariert werden und sich als
- informativ (i. S. v. empirisch gehaltvoll)
- überprüfbar

formuliert erweisen.

Wenn unter Hypothesen begründete Vermutungen über Zusammenhänge verstanden werden[29], ist ihre Formulierung zwingend um Angaben über ihren Hintergrund (ihre Begründung) zu ergänzen.[30]

Mit steigendem Informationsgehalt einer Hypothese wird ihre Überprüfung prinzipiell schwieriger. Voraussetzung überhaupt möglicher Prüfung ist die präzise (und damit die intersubjektive Eindeutigkeit sichernde) Formulierung der Hypothese.[31]
Originalität kann in bezug auf Hypothesen zum einen durch eigenes Generieren von Hypothesen und deren Überprüfung demonstriert werden.
Das Generieren umfaßt dabei – entsprechend dem Definitionsmuster ‚Hypothese = begründete Vermutung' – die möglichst überzeugende, zumindest plausible Begründung der jeweiligen Hypothese.

Zum anderen kann sich Originalität in der (weiteren) Überprüfung und/oder Kritik von Hypothesen äußern, die in der Literatur vorliegen.
So läßt sich kritisch fragen:
- Wie gut erscheint die Hypothese begründet?
- Welchen quantitativen und qualitativen Gehalt zeigt die Hypothese?
- Wie ist die Prüfbarkeit der Hypothese einzuschätzen?
  - Sind Prüfvorschläge formuliert?
  - Erscheint eine Überprüfung in der angegebenen Form möglich?
  - Erscheint eine Überprüfung überhaupt möglich und gegebenenfalls in welcher Form?
- Wurde die Hypothese bereits überprüft?
  - In welcher Form und mit welchem Ergebnis?

[29] Typischerweise als ‚Wenn-dann-Sätze' oder ‚Je-desto-Sätze' formuliert.

[30] Dies hebt sie von den bloßen Behauptungen, reinen Mutmaßungen usw. ab.

[31] Teilweise wird auch ‚logisch fehlerlos' als eigene Anforderung aufgeführt. Logische Fehlerlosigkeit läßt sich aber als Bestandteil von ‚informativ' und ‚überprüfbar' interpretieren.

– Ist das ausgewiesene Prüfergebnis korrekt?[32]

Gesondert eingegangen sei im weiteren auf häufig wiederkehrende Mißverständnisse in bezug auf **Werturteile** (Normativismus) in wissenschaftlichen Arbeiten.

Dazu erscheint die von H. Albert[33] vorgeschlagene Differenzierung in folgende drei Komplexe hilfreich:
(1) Wertbasis
(2) Werte als Objektbereich
(3) Wertungen im Aussagenbereich.

Wertungen im Komplex (1) sind unvermeidbar, da es eine ‚voraussetzungslose Wissenschaft' nicht geben kann: Jedes wissenschaftliche Arbeiten gründet sich z. B. auf bestimmte Definitionen, die das Ergebnis von Auswahlentscheidungen der Wissenschaftler sind. Zu den im Basisbereich einer Wissenschaft unausweichlichen ‚Werturteilen' gehören auch Entscheidungen über die Auswahl von zu behandelnden Problemen, die Brauchbarkeit von Hypothesen sowie die Relevanz von Beobachtungen für bestimmte Probleme. So unvermeidlich diese ‚Wertungen' im wissenschaftlichen Metabereich sind, so unproblematisch erscheinen sie, wenn die jeweilige Wertbasis offengelegt wird und ihrerseits unbewertet bleibt. Wohl kann und sollte mitgeteilt werden, warum man eine bestimmte Wertbasis wählt. Nichtbewertung bedingt aber, daß für die mitgeteilte und erklärte Wertbasis nicht etwa objektive Höherwertigkeit gegenüber anderen Wertbasen reklamiert wird. Dies wäre eine Wertung im Aussagenbereich [→ Komplex (3)].

Der Komplex (2) betrifft „die Frage, inwieweit ... Wissenschaften Wertungen irgendwelcher Art zum Gegenstand (Unterstreichung: A. B.) ihrer Aussagen machen müssen"[34]: Die Wirtschaftswissenschaften z. B. haben sich in erheblichem Maße mit Werten und Bewertungen zu befassen, da diese entsprechend umfänglich und gewichtig zu ihrem Gegenstandsbereich gehören (u. a. Arbeitsbewertungen, Bilanzwerte, gegenwärtiges und künftiges Werteverhalten von Staaten, Unternehmern und Konsumenten).

So lange man dabei allerdings Werte lediglich beschreibt und erklärt oder Wertentwicklungen prognostiziert, erscheint auch dieses unproblematisch. In die eigentliche Werteproblematik und damit in den Komplex (3) kommt man erst, wenn man von den bloßen Deskriptionen, Explikationen und/oder Prognosen abrückt, indem man sie wertend (z. B. als gut oder schlecht, wünschenswert oder nicht wünschenswert) kommentiert.

32 Während sich Existenzhypothesen verifizieren oder falsifizieren lassen, gilt für Gesetzeshypothesen (Allaussagen), daß ihre Verifizierung nicht möglich ist. Das Prüfergebnis für Gesetzeshypothesen kann demgemäß nur sein: Zurückweisung (= Falsifizierung) der Hypothese oder vorläufige Bestätigung (= Bewährung) der Hypothese.

33 Vgl. H. Albert, Wertfreiheit als methodisches Prinzip, in: Logik der Sozialwissenschaften, hrsg. v. E. Topitsch, 12. Aufl., Köln und Berlin 1993, S. 204.

34 H. Albert, a. a. O., S. 204.

Es ist bereits angeklungen, wie der Komplex (3) zu verstehen ist und weshalb in dieser Beziehung vielfach[35] Werturteilsfreiheit der Wissenschaft gefordert wird: Der Komplex (3) repräsentiert Aussagen, die vorgeben, wahr zu sein, ohne daß dies objektiv überprüfbar und damit falsifizierbar ist.
Wird z. B. formuliert,
- Steuersystem X sei ungerecht
- Entlohnungsform Y sei unsozial
- hedonistisches Konsumverhalten sei schlecht
- das Anstreben des Zieles ‚Gewinnmaximierung' sei gesellschaftlich unverantwortlich,

so mögen dies alles höchst ehrenwerte subjektive Überzeugungen bestimmter Personen sein, nicht aber Aussagen, die namens der Wirtschaftswissenschaften oder einer ihrer Teildisziplinen als objektive Erkenntnis reklamiert werden können.

Das Akzeptieren und Befolgen von Werturteilsfreiheit im Aussagenbereich bedeutet jedoch nicht, daß positive oder negative Einstufungen und damit Wertungen bestimmter Erscheinungen ausgeschlossen würden, wie sie aus der Zugrundelegung eines bestimmten normativen Prinzips zu folgern wären. So lange eine wertende Stellungnahme zum betrachteten normativen Prinzip selbst unterbleibt und lediglich logisch korrekte Schlüsse für den Fall abgeleitet werden, in dem das betreffende normative Prinzip den angenommenen Maßstab bildet, ergehen eindeutig keine normativen Aussagen. Die Deskription einer Norm und ihre Einführung in das Basissystem (Komplex 1) sind so lange eindeutig von den ‚eigentlichen Werturteilen' (Komplex 3) abgehoben, wie die Einführung in das Basissystem rein informativ und damit ohne wertende Kommentierung erfolgt.

In bezug auf eines der vorhergehenden Beispiele gilt entsprechend: Wenn ein bestimmter Gerechtigkeitsmaßstab angenommen und mitgeteilt wird, so lassen sich Steuersysteme daraufhin analysieren, ob und inwieweit sie dem betr. Gerechtigkeitsmaßstab entsprechen. Ob die betreffende Analyse logisch korrekt vollzogen wurde, läßt sich nachprüfen und gegebenenfalls bestätigen. Es ist dies dann jedoch keine absolute Einstufung des betreffenden Steuersystems als ‚gerecht', sondern eine relative in dem Sinne, daß auf Basis einer bestimmten Grundannahme (des betreffenden Maßstabes für Gerechtigkeit) Gerechtigkeit bestätigt wird.[36]

[35] Es besteht allerdings keine allgemeine Einigkeit darüber (vgl. z. B. mit dortigen Literaturhinweisen: H. Albert, a. a. O., S. 196–225).
Insofern auch hier als taktischer Hinweis: Ein Kandidat/eine Kandidatin sollte sich darüber im klaren sein, für wen er/sie die jeweilige Arbeit schreibt.

[36] Dies liegt auf einer Ebene mit dem Fall, daß zunächst ein bestimmter Wirtschaftlichkeitsmaßstab definiert wurde, um anschließend z. B. bestimmte Produktionsverfahren vergleichend hinsichtlich ihrer (zurückliegenden oder voraussichtlichen) Wirtschaftlichkeit zu bewerten.

Um dazu abschließend auf Möglichkeiten zur Demonstration von Originalität zu verweisen:

- Eigentliche Werturteile (Komplex 3) sind nach herrschender Auffassung strikt zu vermeiden; hier also sollte man sich aller Versuche um ‚Originalität' enthalten.
- In der Formulierung der Wertbasis (Komplex 1) können Eigenständigkeiten bis zu tatsächlicher Originalität möglich sein, z. B. durch die bereits erwähnten Möglichkeiten zu eigenen Definitionen, eigenen Abgrenzungen, eigenen Hypothesen.
- Auch im Gegenstandsbereich (Komplex 2) sind grundsätzlich Eigenständigkeiten bis zur Originalität erreichbar, indem man z. B. bestimmte (wahrscheinliche) Wertewandlungen bei Konsumenten beschreibt und erklärt.
- Die Komplexe (1) und (2) können eventuell auch kombinativ genutzt werden. So könnte sich der Beschreibung und Erklärung von Wertewandlungen bei Konsumenten eine Analyse von Folgerungen anschließen (auf Basis einer bestimmten angenommenen Grundposition in Form einer in dieser Beziehung noch nicht untersuchten Kombination von Unternehmensteilzielen).[37]

[37] Zum Beispiel: Welche Marketingfolgerungen ergeben sich aus zunehmender Verhaltensrelevanz ökologischen Bewußtseins von Konsumenten für erwerbswirtschaftlich-ökologische Zielkombinationen von Unternehmen?

B. Der Entstehungsprozeß einer wissenschaftlichen Arbeit

I. Themensuche und Themenauswahl

a. Sammlung eigener Themenvorschläge

Besteht die Möglichkeit oder Verpflichtung, selbst Themenvorschläge zu unterbreiten, so sollte man als erstes Selektionskriterium die **eigenen Interessen** verwenden. Denn gegebenes Interesse an einer Thematik setzt stärker und nachhaltiger die Energien frei, die man zur maximalen Ausschöpfung der verfügbaren Bearbeitungszeit benötigt. Bei gegebenem Interesse sind eine positive Einstellung, Engagement und Arbeitsfreude jedenfalls eher vorgezeichnet als bei einer Thematik, die nicht anspricht, weil man sie als langweilig, spröde, trocken empfindet.

Wissenschaftliches Arbeiten sollte auch ‚Spaß machen'. Ödet eine Thematik nur an, so kann ihre Bearbeitung zu einer sehr quälenden Angelegenheit werden. Man muß sich dann jeweils an den Arbeitsplatz zwingen, unterliegt (aufgrund des fehlenden Involvements) in stärkerem Maße Ablenkungen und ermüdet grundsätzlich auch schneller.

Die Themensuche auf den eigenen Interessenfeldern kann sich fortlaufend vorsorgend vollziehen. Das heißt, man notiert sich bereits vor Eintritt eines akuten Themenvorschlag-Problems mögliche Themen zu seinen Interessengebieten.

Anregungen dazu können vor allem aus Lehrveranstaltungen, aus Literaturstudien und aus Praxiskontakten resultieren. Nicht selten hört bzw. liest man dabei, diese oder jene Frage sei in der einen oder anderen Beziehung bislang nicht oder nicht hinreichend geklärt und deshalb bearbeitungswürdig.

Stellt sich das Problem akut, ohne daß man auf Vorräte zurückgreifen kann, so ist die interessengerichtete **Durchsicht der jüngsten Literatur** der Ansatz mit der größten Erfolgswahrscheinlichkeit. Dabei sind vor allem die jeweiligen Spezialzeitschriften eine wertvolle Hilfe, da sich in ihnen am schnellsten und deutlichsten spiegelt, welche Fragenkomplexe in einer Wissenschaftsdisziplin anstehen oder hochkommen.

Liegt der zuständige Prüfer bereits fest oder hat man einen bestimmten Prüfer im Auge, so ist es keine schlechte Idee, bei der Literaturdurchsicht dessen jüngere und jüngste Publikationen besonders zu registrieren. Schließlich muß das Thema auch von dem Prüfer oder von einem Prüfer akzeptiert werden; dies ist eher zu erwarten, wenn man Interessen des Prüfers trifft.

Zudem ist auf das Internet zu verweisen, das auch sonst (noch) nicht publizierte Materialien bietet. Siehe im näheren dazu die als Ergänzung angefügten Ausführungen ‚Zur Nutzung des Internet für wissenschaftliches Arbeiten' (ab S. 89).

b. Auswahl aus eigenen Themenvorschlägen

Die Frage, ob und in welchem Grade man sich für eine Thematik interessiert, ist ein vorrangig wichtiges Selektionskriterium, aber keineswegs das einzig relevante. Unterbreitet man selbst einen Themenvorschlag, so sollte man davon ausgehen, daß man zumindest einen Teil der **Verantwortung für die Eignung des Themas** nicht vom Prüfer abgenommen bekommt.

Das heißt, man muß sich in jedem Fall die folgenden Fragen stellen:

(1) Zielt das Thema überhaupt in das Gebiet, auf dem wissenschaftliche Leistungsfähigkeit nachgewiesen werden soll?

Als betriebswirtschaftliches Thema ungeeignet ist z.B. eine psychologische oder soziologische Problematik, der die betriebswirtschaftliche Relevanz völlig oder weitgehend fehlt.

(2) Bietet das Thema überhaupt Möglichkeiten zu Eigenleistungen und gegebenenfalls in welchem Maße?

Ungeeignet ist jede Thematik, die durch die Literatur bereits völlig oder weitestgehend ‚aufgearbeitet' erscheint.

(3) Ist das Thema in der vorgesehenen Zeit angesichts der existenten Literaturvorbearbeitung zu bewältigen?

Bei allem positiven Reiz, den ein Thema ausstrahlen mag, bleibt also selbstkritisch zu fragen, ob man sich mit dem Thema nicht übernimmt.

Die Beantwortung der Prüffragen bedingt zumindest eine ‚diagonale' Sichtung der Literatur.

Für Themen, die diesen Sichtungsvorgang überstehen, empfiehlt es sich, die Gliederungspunkte **‚Problemstellung' und ‚Gang der Untersuchung' probeweise auszuformulieren**, eventuell auch eine **Probegliederung** zu **erstellen**.

Zu dem dann tatsächlich vorzuschlagenden Thema ist damit auch eine fundierte Argumentationshilfe gegenüber dem Prüfer geschaffen. Je deutlicher und überzeugender man mitzuteilen vermag, weshalb man ein Thema für bearbeitungswürdig und in der vorgegebenen Zeit für bearbeitungsfähig hält, desto eher ist auf die Annahme des Themas zu rechnen.

c. Auswahl aus gestellten Themenvorschlägen

Bietet der Prüfer Themenalternativen an, so ist ebenfalls zu fragen:

- Welche Themen interessieren mich?
- Welche Eigenleistungen fordern die Themen/lassen die Themen zu?

- Welche Themen sind von mir (aufgrund meines Kenntnisstandes, meines Stärke-Schwäche-Profils[1]) in der vorgegebenen Zeit zu bewältigen?

Die von Studierenden sehr häufig und teilweise ausschließlich angesetzte **Selektionsfrage ‚Wieviel Literatur gibt es zu dem Thema?'** ist **zu vordergründig**.

Vor allem ist es zu vordergründig, in die erste Präferenz schlicht das Thema mit der größten Zahl der Literaturhinweise zu stellen.

Zum einen sagt die Zahl der Titel nichts Zwingendes zu dem inhaltlich Vorliegenden (ein Titel kann zehn oder mehr andere substituieren). Zum anderen signalisiert die Existenz von viel Literatur eher (als im umgekehrten Fall) das Risiko, wenig Freiraum für Eigenleistungen zu haben. Das heißt: Geringe Vorbearbeitung eines Themas in der Literatur bedeutet große Chancen für Eigenleistungen. Umfangreiche Literaturvorbearbeitung bedeutet nicht nur erheblichen Zeitbedarf für die Literaturbearbeitung, sondern auch verminderte Chancen für Eigenleistungen. Folglich spricht mehr für das Präferieren von Themen, zu denen wenig(er) Literatur existiert.

II. Zeitplanung für fixiertes Thema

In der Folge wird ein Vorschlag zur Zeitplanung einer Diplomarbeit mit dreimonatiger Bearbeitungsdauer unterbreitet und begründet.

Auf eine kürzere oder längere Bearbeitungsdauer lassen sich die Zeitzuordnungen entsprechend übertragen.

Drei Monate ergeben rd. dreizehn Wochen. Für diese dreizehn Wochen sollte man folgende Aufteilung vorsehen:

(1)	Allgemeine Literatur-/Materialsammlung	rd. 4 Wochen
(2)	Sichten/Ordnen des Materials und Erstellen einer **Arbeits**gliederung	rd. 1 Woche
(3)	Schreiben der Erstfassung mit evtl. punktuellem Nachrecherchieren von Literatur	rd. 5 Wochen
(4)	Überarbeitung und Erarbeitung der abgabefähigen Fassung (einschl. Reinschrift und Korrektur der Reinschrift)	rd. 3 Wochen
		13 Wochen

Darst. 5: Zeitplan für Dreimonats-Diplomarbeit

[1] Studierende der Betriebswirtschaftslehre, die beispielsweise mit der Mathematik ‚nicht gerade bestens befreundet sind', werden sich also nicht um die mathematischen Themen reißen.

Die angegebenen zeitlichen Zuordnungen leiten sich von durchschnittlichen Erfahrungswerten aus der Betreuung von inzwischen mehr als achthundert Diplomarbeiten ab.

Sicher gibt es individuelle Unterschiede. Manchen ‚fließt die Erstfassung geradezu aus der Feder', andere ringen bereits bei Erstellung der Erstfassung mit jedem Wort und jedem Satz. Auch deshalb sind die einzelnen Zeiträume nur ‚rund' angegeben.

Zwingend ist jedoch, sich hinsichtlich der Phasen (1) und (4) richtig zu verhalten.

Dies bedeutet für die **Phase (1)**, daß sie in jedem Fall nicht wesentlich über die vier Wochen ausgedehnt werden darf. Der knappe Faktor ‚Zeit' ist möglichst ertragbringend zu nutzen! Literaturrecherchen geraten aber recht schnell unter ein ‚Gesetz vom abnehmenden Ertragszuwachs'. Das heißt, das Ausmaß an Informationsgewinn und Zunahme an Orientierung über den Themenbereich, das aus Durchsicht weiterer Quellen resultiert, nimmt relativ schnell ab. Zumindest wenn man ‚voll einsteigt' und dabei mit der jüngsten Literatur beginnt[2], pflegt der Abnahmeeffekt nach relativ kurzer Dauer zu dem Punkt zu führen, wo sich der weitere Zeiteinsatz für die allgemeinen Literaturrecherchen nicht mehr als vertretbar erweist.

Zeigt sich in der Phase (3), daß man punktuell doch etwas oder gar reichlich ‚dünn dasteht', so sind eben nochmals kurze Zeiten für eine gezielte Nachsuche einzusetzen.

Die Erfahrung lehrt, daß Kandidaten in Zeitnot geraten, weil sie sich nicht dazu zwingen können, rechtzeitig vorläufigen Redaktionsschluß zu vollziehen, d.h. von der Phase (1) in die Phasen (2) und (3) zu wechseln.

Die **Phase (4)** ist unentbehrlich und erscheint mit drei Wochen zeitlich durchaus nicht überdimensioniert. Vielen Arbeiten merkt der Leser/Gutachter an, daß ihnen entweder gar keine oder höchstens eine Schnellstüberarbeitung zuteil geworden ist.

Die später folgenden Ausführungen zu dieser Phase werden im einzelnen erläutern, wieviel in dieser Phase noch zu beachten und zu realisieren ist[3]. Diese Ausführungen begründen den Zeitbedarf von rd. drei Wochen, der den Unerfahrenen zunächst erstaunen mag. Vorab sei nur nachdrücklich davor gewarnt, sich auf einen Zeitplan einzurichten, der am Vorabend des Abgabetermins zum Schlußpunkt unter die Erstfassung führt.

---

[2] Der Beginn mit einschlägiger jüngster Literatur pflegt zugleich einen Überblick über die älteren Literaturäußerungen zum Themenkreis zu vermitteln.

[3] Vgl. dazu S. 62f. dieser Schrift.

III. Grundrecherchen

Vor dem Eintritt in die Literaturrecherchen und in die Erhebung sonstiger Materialien sollte man sich eine **grobe Vorstellung vom Fragenkreis des Themas** gebildet haben. Damit lassen sich Zeitverluste für offensichtlich abwegige Recherchen vermeiden.

Unzweckmäßig sind vor den Grundrecherchen aber Bemühungen um eine scharf ab- und damit ausgrenzende Ausgangsformulierung der Problemstellung. Derartige Bemühungen bergen die erhebliche Gefahr, daß man zu fixiert startet und sich damit den Blick für themenbereichernde Aspekte/Perspektiven verstellt, die sonst aus den Grundrecherchen resultieren können.

Soweit bei einer wissenschaftlichen Arbeit auch empirische Recherchen (Einholen von Expertenauskünften und/oder eigene Feldstudien über Befragungen, Beobachtungen, Experimente) in Betracht kommen[4], sollte ihnen das Studium der einschlägigen Literatur zum Fragenkreis vorangehen. Denn ohne entsprechende Grundorientierung ist die Wahrscheinlichkeit für empirische Treffer gering. Zeigen sich Experten überhaupt auskunftsbereit, so am ehesten dann, wenn man ihnen fachlich überzeugende Fragen vorzulegen weiß. Auch für sonstige Befragungen, für Beobachtungen und Experimente benötigt man themenspezifische Basisinformationen, um diese Untersuchungen problemadäquat konzipieren und durchführen zu können.

Hat der Prüfer das von ihm gestellte Thema mit einem Literaturhinweis versehen, so ist der Start des Literaturstudiums vorgegeben. Sonst bzw. ergänzend zu diesem Starthinweis sind zeitsparende **Einstiegshilfen bei der Literatursuche**

- Schlag- und Stichwortkataloge in Bibliotheken
- Fachbibliographien[5].
- neuere Fachlexika und Handwörterbücher (soweit diese mit Literaturhinweisen arbeiten)
- (zunächst) jüngste Ausgaben/Jahrgänge einschlägiger Fachzeitschriften
- Fachbuchhandlungen[6].

---

[4] Wegen des erheblichen Zeitaufwandes, der mit empirischem Arbeiten verbunden zu sein pflegt, entfällt dieser Ansatz bei Seminararbeiten in aller Regel. Auch bei Diplomarbeiten mit weniger als sechs Monaten Bearbeitungsdauer bildet er eher die Ausnahme.

[5] Bibliographien sind Verzeichnisse, die den Bestand an Literatur zu einem Fachgebiet ausweisen. Hat man keine Kenntnis von der Existenz einer einschlägigen Bibliographie, sollte man – statt zeitraubender, aber erfolgsunsicherer Suche – unmittelbar bei der jeweiligen Bibliotheksaufsicht fragen.

[6] Bekanntlich benötigen neue Publikationen einige Zeit, bis sie in Bibliothekskatalogen und eventuell Bibliographien erscheinen. Deshalb kann sich die Nachfrage beim Fachbuchhandel empfehlen. Dieser hält zum Teil auch fachspezifische Bibliographien kostenfrei bereit.

Stößt man auf eine themennahe Publikation jüngeren oder gar jüngsten Datums, so läßt sich die weitere Literatursuche von deren Literaturangaben aus vorantreiben. Zusätzliches Material kann sich insbesondere dadurch öffnen, daß man in seine Recherchen folgende Anfragen einbezieht:

- in Bibliotheken nach Zeitungsausschnittmappen
- bei einschlägigen Verbänden und öffentlichen Institutionen nach bislang unveröffentlichtem Material.

Das gesamte gesammelte Material ist so zu dokumentieren, daß es bei tatsächlicher Verwendung korrekt zitiert werden kann.

IV. Stoffordnung und Arbeitsgliederung

Bereits während der Literatursichtung und Materialsammlung stellt sich häufig eine **Grundordnung** heraus: Abgrenzbar sind allgemeine Teile und Teilmassen zu bestimmten Themenaspekten und -perspektiven.

Sollte sich die Basis für ein systematisches Ordnen und damit für das **Erstellen einer Arbeitsgliederung** ‚unterwegs' nicht eingestellt haben, so ist folgendes Vorgehen empfehlenswert:

(1) Über diagonales Lesen Schlagworte registrieren und die gesamte Stoffsammlung nach diesen Schlagworten sortieren;
(2) die Schlagworte nach ihrer Zusammengehörigkeit gruppieren;
(3) die in Stufe (2) gewonnenen Blöcke in eine plausibel erscheinende gedankliche Reihenfolge bringen.

BEISPIEL

Zu einem Thema **‚Furchtappelle in der marktgerichteten Kommunikationspolitik'** können sich etwa folgende Blöcke zeigen:

- Begriffe Furcht/Angst
- Begriff, Arten und Ziele der Kommunikationspolitik
- Generelle Auswirkungen/Folgen von Furchtappellen
- Die Wirkung von Furchtappellen in Abhängigkelt von Kommunikationsvariablen
  - Kommunikationsstil
  - Kommunikationsinhalt
  - Kommunikationsempfänger (Kommunikant)
  - Kommunikationssender (Kommunikator)
- Folgerungen für die Gestaltung kommunikationspolitischer Instrumente
  - Werbung
  - Persönlicher Verkauf
- Ausgewählte Anzeigenbeispiele
- Offene Fragen

Darst. 6: Beispiel für Stoffordnung/Materialordnung

Eingefügte Unterpunkte und die Berücksichtigung der obligatorischen Gliederungsteile ‚Problemstellung‘, ‚Gang der Untersuchung‘, ‚Zusammenfassung der Ergebnisse‘ führen dann zu einer **Arbeitsgliederung** wie der folgenden:

- A. Grundlegung
  - I. Problemstellung
  - II. Gang der Untersuchung
  - III. Begriffs-Kennzeichnungen
    - a. Angst/Furcht
    - b. Marktgerichtete Kommunikationspolitik
- B. Generell mögliche Wirkungen von Furchtappellen hinsichtlich unternehmerischer Kommunikationsziele
  - I. Zielschädliche Irritationen/Reaktanzen
  - II. Zieladäquate Einstellungs- und Verhaltensänderungen
- C. Steuerbarkeit der Zielwirkungen durch Beeinflussung/Berücksichtigung von Kommunikationsvariablen
  - I. Kommunikationsstil
    - a. Intensitätsgrad
    - b. Direktheitsgrad
  - II. Kommunikationsinhalt
    - a. Effizienznachweis der Verhaltensempfehlung
    - b. Zeitliche Realisierbarkeit der Verhaltensempfehlung
  - III. Kommunikant
    - a. Reaktionsmöglichkeit
    - b. Selbstvertrauen
    - c. Ausgangsfurcht
  - IV. Kommunikator-Glaubwürdigkeit
- D. Folgerungen für den Einsatz der kommunikationspolitischen Instrumente
  - I. Isolierende Betrachtung
    - a. Werbung
    - b. Persönlicher Verkauf
    - c. Sonstige
  - II. Kombinative Betrachtung (Kommunikations-Mix)
- E. Überprüfung von Furchtappell-Anwendungen (anhand ausgewählter Anzeigenbeispiele)
- F. Zusammenfassung der Ergebnisse und Ausblick auf offene Fragen

Darst. 7: Beispiel für Arbeitsgliederung

Tiefer als zwei bis drei Stufen braucht eine Arbeitsgliederung nicht zu gehen. Zum einen ist zumindest bei Seminararbeiten häufig auch letztlich keine tiefere Gliederung erforderlich oder zweckmäßig.

Zum anderen **kann** die **Arbeits**gliederung in der Regel gar nicht tiefer gehen, da sie zu einem Zeitpunkt ansteht, zu dem nur ein recht unvollkommener Über und Durchblick zur Thematik vorliegt.

Die Arbeitsgliederung ist nicht mehr als eine aus der Stoffsammlung gestützte **Annahme**. Man meint, von dem in der Arbeitsgliederung angelegten Konzept annehmen zu können, daß es sich als tragfähig erweist.

Die Arbeitsgliederung soll in Verbindung mit der (vorläufig) formulierten Problemstellung davor bewahren, daß ziellos und ungeordnet darauf losgeschrieben wird. Sie ist aber in dem Sinne **unverbindlich**, daß sie sich allen später gewonnenen besseren Einsichten zu fügen hat.

Nicht nur die Vertiefung der Gliederung ist ein Normalvorgang, der sich beim Schreiben mit dem gedanklichen Eindringen in den Stoff ergibt. Auch sonstige Veränderungen der Gliederung gehören zum ‚normalen' Prozeß. Das Schreiben führt die Gliederung in ihre Bewährungsprobe. Soweit sich die Gliederung in der konzipierten Form nicht bewährt, ist sie zu ändern: umzuformulieren, umzustellen, zu ergänzen oder auch zusammenzustreichen. Gliederungen müssen sich also so lange Änderungen gefallen lassen, wie die Endfassung ihren Schlußpunkt nicht erreicht hat. Im angeführten Beispiel mag sich in C/III eine andere Reihenfolge als zweckmäßig oder gar notwendig herausstellen. Zu Punkt D/I/c wird ‚vor Ort' zu prüfen sein, ob und inwieweit gegebenenfalls sonstige kommunikationspolitische Instrumente wie Sales Promotions, Public Relations, Product Placement, Sponsoring Themenimplikationen zeigen.

Abschlußhinweis zur Arbeitsgliederung:

Sucht man seinen Betreuer/Gutachter zur Besprechung der Arbeitsgliederung auf, sollte man diese (in Reinschrift vorzulegende) Gliederung mit einer Seitenzahl-Schätzung (für alle vorgesehenen Punkte) versehen. Damit läßt sich späteren Unstimmigkeiten in bezug auf Gewichtungen innerhalb der Arbeit vorbeugen.

V. Erstfassung

a. Generelle Hinweise

1. Grad der Vorläufigkeit/Vollständigkeit

Bereits beim Schreiben der Erstfassung sollten alle Ansprüche bewußt sein, die an eine wissenschaftliche Arbeit gestellt werden (vgl. Block A dieser Schrift). Allerdings ist es in aller Regel schlichtweg unmöglich, im ersten Durchgang alle Ansprüche in der letztendlich zu erreichenden Form zu realisieren.

Entsprechend wurde dringend empfohlen, von vornherein einen eher großzügig bemessenen Zeitrahmen für Überarbeitungen vorzusehen. Dies darf jedoch nicht bedeuten, daß man auch Anspruchserfüllungen vor sich herschiebt, die durchaus im Rahmen der ersten Niederschrift möglich sind. Eine unnötige Belastung der Überarbeitungsphase, in der es ohnedies nicht selten zeitlich eng wird, ist also zu vermeiden.

Folglich sollte man parallel zur ersten Niederschrift alle dabei anfallenden Daten für die anzulegenden Verzeichnisse festhalten. Im weiteren sollten alle Bezüge auf fremdes geistiges Eigentum durchgehend korrekt dokumentiert und notwendig erscheinende Anmerkungen konzipiert werden.

2. Daten für Verzeichnisse

Zwar sind die im folgenden anzusprechenden Verzeichnisse im Rahmen von (relativ kurzen) Seminararbeiten nicht in jedem Fall notwendig, bei Diplomarbeiten pflegen sie aber häufig Bestandteil der Endfassung zu sein.

In Betracht kommen

(1) Abkürzungsverzeichnis
(2) Symbolverzeichnis
(3) Abbildungsverzeichnis/Tabellenverzeichnis.

Zu (1): **Abkürzungsverzeichnis**

Als Grundregel ist zu Abkürzungen zu befolgen: Sparsam mit ihnen umgehen, soweit es sich nicht um gängige[7] Abkürzungen handelt! Die Arbeit mit Abkürzungen darf nicht zur Belastung für die Leser/Gutachter führen, sondern muß auch von ihnen als Entlastung empfunden werden. Deshalb sind (außerhalb der gängigen Abkürzungen und der anschließend zu behandelnden Symbole) nur folgende zwei Kategorien empfehlenswert:

- literatur- und gesetzestextbezogene Abkürzungen
- Abkürzungen von wiederholt zu verwendenden langen Begriffs-/Wortprägungen.

Literatur- und gesetzestextbezogene Abkürzungen (wie ‚ZfB' für ‚Zeitschrift für Betriebswirtschaft') verkürzen die Zitiertexte und den Text des Literaturverzeichnisses. Sie bieten Lesern/Gutachtern damit eine Leseerleichterung. Wird seitens der Redaktion des jeweils zitierten Titels (Zeitschrift, Jahrbuch, Handwörterbuch usw.) eine Abkürzung empfohlen, so ist diese zu verwenden, um daran gewöhnte Leser/Gutachter nicht zu verwirren.

Abkürzungen von Begriffs-/Wortprägungen erscheinen vor allem dann sinnvoll, wenn es sich um wiederholt zu verwendende relativ lange ‚Gebilde' handelt.

---

[7] Als gängige Abkürzungen dürfen nur die im ‚DUDEN-Rechtschreibung' verzeichneten angenommen werden.

Befaßt sich eine Arbeit also unter bestimmten Aspekten mit 'umweltfreundlicheren Produkten', so wird sich die Einführung der Verkürzung ‚UWF-Produkte' als zweckmäßig erweisen.

Zum einen wäre in diesem Zusammenhang aber klarzustellen, was unter einem ‚UWF-Produkt' verstanden werden soll. Zum anderen wäre das Kürzel nicht nur in das Abkürzungsverzeichnis der Arbeit aufzunehmen, sondern es wäre am Ort seiner Einführung (im Text der Arbeit) auch auf seine weitere Verwendung hinzuweisen.

„Die so definierten umweltfreundlicheren Produkte (im folgenden kurz: UWF-Produkte) sollen … ."

Alle nicht gängigen (d.h. nicht im ‚DUDEN-Rechtschreibung' angeführten) Abkürzungen **müssen** im Abkürzungsverzeichnis der Arbeit erscheinen, gängige Abkürzungen **können** dort berücksichtigt werden[8].

Ein Abkürzungsverzeichnis (ohne gängige Abkürzungen) mag sich dann in folgender Weise darstellen:

Abkürzungsverzeichnis

AER	American Economic Review
BBankG	Bundesbankgesetz
BFuP	Betriebswirtschaftliche Forschung und Praxis
BGBl	Bundesgesetzblatt
eG	eingetragene Genossenschaft
GenG	Genossenschaftsgesetz
HBR	Harvard Business Review
HdA	Handbuch der Absatzwirtschaft
HdB	Handwörterbuch der Betriebswirtschaft
HdF	Handwörterbuch der Finanzwirtschaft
HdO	Handwörterbuch der Organisation
JoB	Journal of Business
JoF	Journal of Finance
KWG	Gesetz über das Kreditwesen
WiSt	Wirtschaftswissenschaftliches Studium
WISU	das Wirtschaftsstudium
ZfB	Zeitschrift für Betriebswirtschaft
ZfbF	Zeitschrift für betriebswirtschaftliche Forschung
ZfgG	Zeitschrift für das gesamte Genossenschaftswesen
ZfO	Zeitschrift für Organisation

Darst. 8: Beispiel für Abkürzungsverzeichnis

[8] Für eine Berücksichtigung auch gängiger Abkürzungen im entsprechenden Verzeichnis spricht vor allem: Bei Abkürzungen, die für Leser mit ‚Deutsch als Mutterspra-

Zu (2): **Symbolverzeichnis**

Symbole repräsentieren spezifische Abkürzungen, die vor allem mathematisch, statistisch und/oder technisch ausgerichtete Arbeiten kennzeichnen. Die jeweils verwendeten Symbole sollen Formelsprache, Modellarbeiten und/oder komprimierte statistische Darstellungen ermöglichen und damit der Beschleunigung und Erleichterung wissenschaftlicher Kommunikation dienen.

Zur Sicherung dieses positiven kommunikativen Effektes sind alle nicht gängigen[9] Symbole in einem eigenen Verzeichnis mit komprimierter Erklärung/Übersetzung anzuzeigen und bei ihrer Erstverwendung im Text der Arbeit zu erläutern.

Das Symbolverzeichnis zu einer Arbeit, die mit betriebswirtschaftlichen Fragen der Programmplanung bei Auftragsfertigung befaßt ist, mag sich ausschnittweise in folgender Form präsentieren:

Symbolverzeichnis

A_z	Anzahl der Einzelteile des Auftrages z
a_{ze}	Anzahl der produzierten Unterteile e für Auftrag z
$\bar{a}_{ze}$	Anzahl der notwendigen Unterteile e für Auftrag z
.	
.	
.	
e	Unterteilindex
.	
.	
.	
z	Auftragsindex

Darst. 9: Beispiel für Symbolverzeichnis

Innerhalb der Literaturauswertung und schließlich bei vollzogenen Literaturanlehnungen oder -übernahmen ist sorgfältig darauf zu achten, ob und inwieweit dort verwendete Symbole mit der eigenverwendeten Symbolik übereinstimmen.

che' gängig sind, läßt sich dieses für Leser mit anderem Sprachhintergrund (,Deutsch als Fremdsprache') häufiger nicht annehmen.
Um ihnen gegenüber keine unnötigen Sprach- und damit Verständigungsbarrieren zu haben, empfiehlt sich die Aufnahme aller Abkürzungen in das betreffende Verzeichnis.
Allerdings pflegt dieser Aspekt bei Seminar- und Diplomarbeiten kaum eine Rolle zu spielen.

[9] Welche Symbole als gängig gelten können, läßt sich nur im Hinblick auf den jeweiligen Leserkreis entscheiden. Als Grundempfehlung ergibt sich folglich: Im Zweifelsfall in das Symbolverzeichnis aufnehmen und im Text bei der Erstverwendung (eventuell über eine Fußnote) erläutern!

Zu (3): **Abbildungsverzeichnis/Tabellenverzeichnis**

Zumindest bei kürzeren wissenschaftlichen Arbeiten und damit bei Seminar- und Diplomarbeiten ist die Aufspaltung in ein Verzeichnis der Abbildungen und ein Verzeichnis der Tabellen unnötig und unüblich. Eine derartige Aufspaltung würde aufgesetzt wirken. Üblich ist lediglich die Anlage eines (Tabellen und Abbildungen vereinigenden) Darstellungsverzeichnisses.

Die Darstellungen werden in der Reihenfolge, in der sie im Text der Arbeit erscheinen, durchnumeriert und in dieser Reihenfolge mit ihrer jeweiligen Bezeichnung und Seitenangabe ins Darstellungsverzeichnis aufgenommen.

Unter ‚Bezeichnung' ist die Unterschrift zu verstehen, die der Darstellung im Text zu ihrer inhaltlichen Kennzeichnung gegeben wurde.

Ausschnittweise kann ein Darstellungsverzeichnis folgendes Bild zeigen:

Darst. 10: Beispiel für Darstellungsverzeichnis

3. Zitierweise

aa. Basisbemerkungen

Die folgenden Hinweise zum Zitieren spiegeln die im allgemeinen erwarteten Formen mit üblicherweise akzeptierten Varianten. Es sei aber bereits eingangs sehr nachdrücklich darauf hingewiesen, daß die **Zitierrichtlinien** bestimmter Fachbereiche/Fakultäten/Prüfer davon im einzelnen abweichen können. Deshalb ist es unabdingbar, sich jeweils nach der Existenz **spezieller Zitierrichtlinien** zu erkundigen. Sind diese gegeben, so kann die Empfehlung nur lauten: **Alles strikt so befolgen, wie es dort vorgegeben ist!** So wird beispielsweise die bei den Zitierabkürzungen berücksichtigte ff-Zitierweise nicht allgemein akzeptiert. Zwar kommt sie weiterhin vor, es läßt sich gegen diese Zitierform aber einwenden, daß sie die Schlußseite der jeweiligen Bezugnahme nicht angibt. Denn ein Vermerk ‚S. 15 ff.' besagt lediglich, die Bezugnahme beginnt auf S. 15 und umfaßt die ‚fortfolgenden' Seiten. Der Zitiervermerk ‚S. 15–19' ist demgegenüber präziser und deshalb zu verwenden.

Die hiesigen Hinweise zum Zitieren setzen voraus, daß die anstehende wissenschaftliche Arbeit ein Literaturverzeichnis enthält.

Zurückgegriffen wird auf die beim Zitieren üblichen Abkürzungen.

Zitierabkürzungen

a.a.O.	= am angeführten Ort
Aufl.	= Auflage
Bd.	= Band
ders.	= derselbe
dies.	= dieselbe(n)
Diss.	= Dissertation
ebd.	= ebenda
et al.	= et alii (und andere [Autoren])
f.	= folgende (Seite)
ff.	= fortfolgende (Seiten)
Forts.	= Fortsetzung
H.	= Heft
Habil.	= Habilitationsschrift
Hrsg.	= Herausgeber
hrsg. v.	= herausgegeben von
ibd.	= ibidem (ebenda)
Jg.	= Jahrgang
loc. cit.	= loco citato (am angeführten Ort)
N. N.	= nomen nominandum (der zu nennende [unbekannte] Name) oder nomen nescio (den Namen weiß ich nicht/Name unbekannt)
Nr.	= Nummer (bei englischsprachigen Quellen No.)
o. J.	= ohne Jahresangabe
o. O.	= ohne Ortsangabe
o. V.	= ohne Verfasserangabe
pass.	= passim (da und dort/verstreut)
S.	= Seite(n)
s.	= siehe
Sp.	= Spalte(n)
u.a.	= und andere (Autoren oder Verlagsorte)
Verf.	= Verfasser
Vgl.	= Vergleiche
Vol.	= Volume (Band)
zit. nach	= zitiert nach

Darst. 11: Zitierabkürzungen

Diese Abkürzungen pflegt man in das zuvor angesprochene Abkürzungsverzeichnis einer wissenschaftlichen Arbeit nicht aufzunehmen, da sie als allgemein bekannt vorausgesetzt werden (können).

Sinngemäße Zitate werden in den Fußnoten mit dem einleitenden ‚Vgl.' dokumentiert, wörtliche Zitate erscheinen in den Fußnoten ohne ein entsprechendes Einleitungswort. Die wörtlichen Zitate sind im Text in An-/Ausführungszeichen zu setzen. Sie müssen absolut wort- und zeichengetreue Übernahmen sein. Jede vorgenommene Veränderung ist kenntlich zu machen. Dies hat in folgender Form zu geschehen:

‚Auslassung eines Wortes' über zwei Auslassungspunkte

BEISPIEL

„Zur Absicherung einer derartigen Entscheidung sind .. zuvor die Ursachen für die negativen Deckungsbeiträge zu ergründen."

‚Auslassung von zwei oder mehr Worten' über drei Auslassungpunkte

BEISPIEL

„Zur Absicherung einer derartigen Entscheidung sind ... die Ursachen für die negativen Deckungsbeiträge zu ergründen."

‚Vorgenommene oder unterlassene Hervorhebungen (Sperrungen, Unterstreichungen, Fettdrucke)' durch eine entsprechende Anmerkung in Klammern

BEISPIEL

„Zur Absicherung einer derartigen Entscheidung sind allerdings z u v o r (Sperrung eingefügt – A. B.) die Ursachen für die negativen Deckungsbeiträge zu ergründen."

‚Einfügungen' durch eine entsprechende Anmerkung in Klammern

BEISPIEL

„Zur Absicherung einer derartigen Entscheidung sind allerdings zuvor die Ursachen für die negativen Deckungsbeiträge (und Möglichkeiten zur Beseitigung der Ursachen – Einfügung A.B.) zu ergründen."

Darst. 12: Behandlung von Veränderungen wörtlicher Zitate

Fremdsprachliche wörtliche Übernahmen werden generell nur aus dem Englischen akzeptiert. Zu allen anderen fremdsprachlichen wörtlichen Zitaten sind Übersetzungen (unter Angabe des Übersetzers) zu liefern.

bb. Vollbeleg und Kurzbeleg

Die zum Zitieren notwendigen Daten waren bereits während der Grundrecherchen festzuhalten. Sie sind entweder im Vollbeleg oder im Kurzbeleg zu dokumentieren.

11. Vollbeleg

Vollbeleg bedeutet, daß die folgenden Daten zumindest beim Erstbezug auf die betreffende Quelle vollständig in Fußnoten anzugeben sind:

- Bücher → Autor mit Vornamen, Buchtitel, evtl. Auflage, Verlagsort, Verlagsjahr, Seite(n)
- Artikel in Sammelwerken → Autor des Artikels mit Vornamen, Titel des Artikels, Herausgeber des Sammelwerkes mit Vornamen, Titel des Sammelwerkes, evtl. Auflage, Verlagsort, Verlagsjahr, Seite(n)
- Artikel in Zeitschriften → Autor des Artikels mit Vornamen, Titel des Artikels, Bezeichnung der Zeitschrift, Jahrgang/Jahr, Seite(n)
- Auskünfte → Form der Auskunft (mündlich, telefonisch, schriftlich), Name und Vorname sowie Titel, Position/Stellung des Auskunftgebers, Datum der Auskunft.[10]

BEISPIELE

Buchzitat

„Sowohl reaktiv als auch aktiv angelegtes Marketing bedarf umfassender Kenntnisse zum gegebenen Verhalten der Käufer und zu den Verhaltensdispositionen der Käufer."[1]

[1] A. Bänsch, Käuferverhalten, 7. Aufl., München 1996, S. 1.

Darst. 13: Beispiel für Buchzitat (Vollbeleg)

Sammelwerkzitat

„Der ökologische Vorwurf gegen die Verpackungskomponenten, die ‚lediglich' zur optischen Aufwertung von Produkten eingesetzt werden, entspricht dem gegen die Stilobsoleszenz .... ."[1]

[1] A. Bänsch, Produktmanagement zwischen ökologischen Forderungen und ökonomischen Zielen, in: J. Jokisch u.a. (Hrsg.), Finanz-, Bank- und Kooperationsmanagement, Festschrift zum 65. Geburtstag von H. Lipfert, Frankfurt/M. 1989, S. 26.

Darst. 14: Beispiel für Sammelwerkzitat (Vollbeleg)

Zeitschriftenzitat

Als besondere Frage stellt sich in diesem Zusammenhang, ob und inwieweit man durch Furchtappelle zum Kauf motivieren kann[1].

[1] Vgl. A. Bänsch, Zur Verwendung von Furchtappellen in der Werbung und im Persönlichen Verkauf, in: Jahrbuch der Absatz- und Verbrauchsforschung, Jg. 33 (1987), S. 304–318.

Darst. 15: Beispiel für Zeitschriftenzitat (Vollbeleg)

[10] Im übrigen sei auf S. 8f. dieser Schrift zurückverwiesen.

Auskunftzitat

Nach einer Information aus der xy-Branche würde dort die Elimination der traditionellen Produkte zugunsten konsequent ökologiefreundlicherer Produkte zu einem Kostenanstieg von mindestens 25% führen[1].

---

[1] Schriftliche Auskunft durch Herrn Dr. Peter Meier, Geschäftsführer des Verbandes der xy-Hersteller vom 25.11.91

Darst. 16: Beispiel für Auskunftzitat (Vollbeleg)

Zeichnen für eine bestimmte Quelle **mehrere Autoren** oder **Herausgeber** verantwortlich, so ist es nicht üblich, alle Namen anzuführen. In der Regel wird nur der in der betreffenden Quelle erstangeführte Autor/Herausgeber genannt und mit dem Zusatz ‚u.a.' bzw. ‚et al.' darauf hingewiesen, daß die betreffende Schrift von einem Team stammt.

Entsprechend wird hinsichtlich **mehrerer Verlagsorte** verfahren. Angeführt wird nur der in der jeweiligen Publikation erstgenannte Verlagsort mit dem Zusatz ‚u.a.'.

Bezieht man sich **mehrfach** auf **dieselbe Quelle,** so werden im allgemeinen[11] Verkürzungen akzeptiert.

Beispiele

(1) **Unmittelbar aufeinanderfolgende Verwendung derselben Quelle:**

TEXT

---

[1] A. Bänsch, Einführung in die Marketing-Lehre, 3. Aufl., München 1991, S. 15
[2] Ebenda, S. 33

(2) **Auseinandergezogene Verwendung derselben Quelle:**

TEXT

---

[1] A. Bänsch, Einführung in die Marketing-Lehre, 3. Aufl., München 1991, S. 167
[2] H.-L. Haas, Ein Dyopolmodell mit Gleichgewichtslösungen, Wiesbaden 1976, S. 9f.
[3] A. Bänsch, Marketing-Lehre, a.a.0., S. 180

Darst. 17: Beispiel für Zitierweise bei Mehrfach-Verwendung einer Quelle (Vollbeleg)

---

[11] Es sei nochmals auf eventuell abweichende, aber von bestimmten Fachbereichen/Fakultäten/Prüfern für verbindlich erklärte Zitierrichtlinien verwiesen.

In der Situation des Beispiels (2) die Fußnote 3 auf

3 A. Bänsch, a.a.O., S. 180.

zu verkürzen, ist nur zulässig, wenn in der betreffenden Arbeit keine weiteren Quellen desselben Autors herangezogen wurden und das Literaturverzeichnis damit auch keine weiteren Quellen dieses Autors enthält.

Im Falle der Bezugnahme auf **mehrere Quellen eines Autors** ist in jedem Fall eine Kurzangabe zum jeweiligen Titel erforderlich, die dessen eindeutige und mühelose Identifikation ermöglicht.

Beispiel

TEXT

1 A. Bänsch, Einführung in die Marketing-Lehre, 3. Aufl., München 1991, S. 40f.
2 A. Bänsch, Käuferverhalten, 7. Aufl., München 1996, S. 24.
3 A. Bänsch, Verkaufspsychologie und Verkaufstechnik, 6. Aufl., München 1996, S. 71.
4 H. Meffert, Marketing, 7. Aufl., Wiesbaden 1986, S. 447.
5 Vgl. A. Bänsch, Verkaufspsychologie, a. a. O., S. 74f.
6 Vgl. A. Bänsch, Marketing-Lehre, a. a. O., S. 79f.
7 A. Bänsch, Käuferverhalten, a. a. O., S. 28.

Darst. 18: Beispiel für Zitierweise bei Verwendung mehrerer Quellen eines Autors (Vollbeleg)

22. Kurzbeleg

Ist für die wissenschaftliche Arbeit – wie vorausgesetzt wurde – ein Literaturverzeichnis vorgesehen, so gibt es kein gewichtiges Argument[12] gegen den **Kurzbeleg.** Das Literaturverzeichnis ist dann allerdings ausschließlich alphabetisch und innerhalb der alphabetischen Ordnung chronologisch anzulegen, jegliche Gruppierung nach bestimmten Quellentypen (z. B. eine Gruppierung in Bücher, Beiträge in Sammelwerken, Zeitschriftenaufsätze) hat zu unterbleiben.

Unter diesen Vorbedingungen reichen zur eindeutigen Identifizierung folgende Angaben:

---

12 Für den Vollbeleg spricht lediglich, daß er den Blick ins Literaturverzeichnis erspart und daß er ein (z. B. nach Büchern, Beiträgen in Sammelwerken usw.) gruppiertes Literaturverzeichnis zuläßt.

BEISPIEL

Text

[1] A. Bänsch (1991), S. 40f.
[2] A. Bänsch (1991), S. 24.
[3] A. Bänsch (1991), S. 71.

Darst. 19: Beispiel für Zitierweise im Kurzbeleg

Zieht man von einem Autor mehrere Quellen aus einem Jahr heran, so wird die Eindeutigkeit durch Kleinbuchstaben-Zusätze hergestellt.

BEISPIEL

Text

[1] A. Bänsch (1990 a), S. 71 f.
[2] Vgl. A. Bänsch (1990 b), S. 363.

Darst. 20: Beispiel für Zitierweise bei Verwendung mehrerer Quellen eines Autors aus einem Jahr im Kurzbeleg

Die Kurzbeleg-Technik ermöglicht auch, völlig auf die entsprechenden Fußnotenausweise zu verzichten und zwecks Platzersparnis die textintegrierte Zitierform zu wählen.

BEISPIEL

Angesprochen sind damit allgemein verkaufspsychologische und verkaufstechnische Schulungen der Verkaufsorganisation, die unter Berücksichtigung der jeweiligen rechtlichen Möglichkeiten (Ahlert, Schröder, 1989, S. 278–282) den vorliegenden Erkenntnisrahmen zum Einkaufsverhalten des Handels spiegeln (Bänsch 1996 a, S. 211–224) [13].

Darst. 21: Beispiel für textintegriertes Zitieren (Kurzbeleg)

Im Bemühen um konsequente Verkürzung des Zitieraufwandes wird dabei in der Regel auch auf das beim sinngemäßen Zitieren sonst übliche ‚Vgl.' verzichtet.

[13] Das Beispiel eines Literaturverzeichnisses, das notwendige Voraussetzungen für diese Zitierform ist, findet sich auf S. 72 dieser Schrift.

cc. Sekundärbelege

Im Block A dieser Schrift wurde bereits begründet, daß **Sekundärzitate grundsätzlich unzulässig** sind, und man die Recherchen folglich jeweils bis zur Primärquelle zu vollziehen hat.

Toleriert werden Sekundärzitate **nur** dann, wenn glaubwürdig erscheint, daß die Primärquelle überhaupt nicht oder nicht mit dem bei Seminar- bzw. Diplomarbeiten vertretbaren Aufwand erreichbar war.

Unabdingbar ist dann (sowohl aus Gründen der wissenschaftlichen Redlichkeit als auch zur eigenen Absicherung) die Offenlegung der sekundären Bezugnahme.

BEISPIEL

TEXT

[1] Vgl. P. Niles, The Relationship of Susceptibility and Anxiety to Acceptance of Fear-arousing Communications, Unpublished Diss. Yale 1964, zit. nach M. L. Ray, W. L. Wilkie, Fear: The Potential of an Appeal Neglected by Marketing, in: Journal of Marketing, Vol. 34 (Jan. 1970), S. 59.

Darst. 22: Beispiel für Sekundärzitieren (Vollbeleg)

dd. Mehrfachbelege

Gibt es zu einem bestimmten (Teil-)Aspekt in der Literatur mehrere Fundstellen, so läßt sich darüber die besondere Einigkeit/Übereinstimmung oder auch Uneinigkeit/Widersprüchlichkeit im vorliegenden Erkenntnisstand dokumentieren. Es erscheint dann notwendig, das Literatur**spektrum** zu spiegeln. Die jeweilige Textstelle ist folglich mit mehreren Literaturangaben zu versehen.

Um dem Leser/Gutachter die Literaturentwicklung anzuzeigen, müssen die entsprechenden Quellen in chronologischer Reihenfolge erscheinen. Dabei sind Zusätze wie ‚übereinstimmend', ‚ebenso' bzw. ‚anders', ‚gegenteilig' zur Verdeutlichung der Situation zu verwenden. Zur Erleichterung des Überblicks können die Zusätze durch **Unterstreichung** oder **Fettdruck** hervorgehoben werden.

BEISPIEL

TEXT

[1] Vgl. H. Raffée u. a., Theorie der kognitiven Dissonanz und Konsumgüter-Marketing, Wiesbaden 1973, S. 64 f.; **übereinstimmend** A. B. Weber, Die Theorie der kognitiven Dissonanz in ihrer Relevanz für Kaufentscheidungen von Konsumenten und für die Gestaltung der Marketingkommunikation, Zürich u. a. 1978, S. 190 f.; **anders** A. Bänsch, Käuferverhalten, 7. Aufl., München 1996, S. 60 f.

Darst. 23: Beispiel für Mehrfachbelege (Vollbeleg)

ee. Sonderkomplex: Internet-Belege

Exklusiv im Internet erscheinende Dokumente erweitern den verfügbaren Materialfundus. Die Verwendung dieses Materials ist selbstverständlich zitierpflichtig, und zwar im Beispiel von Informationen aus Homepages mit folgenden Angaben:

http:\\www.firmameyer.de, 01.01.1998

Da das originäre Internet-Material jeweils nur zeitlich befristet zur Verfügung steht, ist seine Kontrollierbarkeit durch einen Ausdruck zu gewährleisten, der – je nach Anforderung – in die Arbeit (→ Anhang) einzufügen oder für den Prüfer verfügbar zu halten ist.
Siehe im weiteren die am Ende dieser Schrift eingefügten Ausführungen ‚Zur Nutzung des Internet für wissenschaftliches Arbeiten' (ab S. 89).

4. Anmerkungen

Fußnoten ergeben sich aus dem Zitieren oder aus Anmerkungen zum Text.

Anmerkungen bieten inhaltlich

(1) Vor- und/oder Rückverweise
(2) Zusatzinformationen.

Zu (1): **Vor- und/oder Rückverweise**

Ist im Text ein bestimmter (Teil-)Aspekt mehrfach aufzunehmen, so sollte sich dies ohne reine Wiederholungen vollziehen. Für die Umsetzung dieses Anspruches sind Vor- und/oder Rückverweise hilfreich.

Teils ist darauf zu verweisen, daß bestimmte Punkte bereits an früherer Stelle behandelt wurden, teils wird die später folgende Behandlung angezeigt.

BEISPIEL

Textausschnitt

„Werden für bestimmte Leistungen zu verschiedenen Zeitpunkten verschiedene Preise verlangt, so spricht man von zeitlicher Preisdifferenzierung. Beispiele sind Tag- und Nachttarife, Wochentags-, Wochenend- und Feiertagspreise, Sommer- und Winterpreise, aber auch Einführungs- und Folgepreise.[211]"

.
.
.

---

211 Zur Frage des Einführungspreises vgl. auch den Gliederungspunkt „Preispolitik bei Neuprodukten" (S. 198–201).

Darst. 24: Beispiel für ‚Vor-/Rückverweis'

Ergeben sich in einer wissenschaftlichen Arbeit relativ viele Verweise (Verweise auf Folgendes), so sollte dies zum Überdenken des Aufbaus/der Gliederung der betreffenden Arbeit veranlassen. Es mag sich dann herausstellen, daß ein Vorziehen bestimmter Punkte geboten ist.

Zu (2): **Zusatzinformationen**

In Fußnoten dürfen keine Informationen verlagert werden, die für das Verständnis des Textes/die Lückenlosigkeit der Argumentation im Text unabdingbar sind. Verstöße dagegen bedeuten, daß der Leser/Gutachter zwischen Text und Fußnoten hin- und herspringen muß.

Der Text hat sich also **ohne** die Fußnoten als voll verständlich und geschlossen zu präsentieren. Lediglich Zusatzinformationen im Sinne von ‚für alle oder für bestimmte Leser (eventuell) von zusätzlichem Interesse‘ dürfen in den Anmerkungen erscheinen.

Die so gearteten Anmerkungen in Form von Beispielen, Erklärungen/Erläuterungen und sonstigen Hinweisen werden aus dem Text herausgenommen, wenn ihre Textintegration den Argumentations-/Beleg-/Beweisfluß stört.

Zur Demonstration mögen die folgenden Beispiele[14] dienen:

BEISPIELE

Hinweis auf längeres Beispiel

Textauszug (S. 196)
„Bei der dargestellten dreifachen Preisdifferenzierung ist zwar vorstellbar, daß sich die Mehrkosten für die Luxusvariante und die Minderkosten für die Einfachvariante auf die Kosten der Standardvariante ausgleichen,[210] zwingend wäre dies jedoch nicht. …

---

[210] Als konkretes Beispiel einer dreifachen Differenzierung könnte das Produkt ‚Seife‘ dienen. Ist Standardvariante eine in bestimmter Form markierte und einfach verpackte (Papier- oder einfache Kartonverpackung) Seife, so ließe sich zu der gleichen Seife dadurch eine Luxusvariante schaffen, daß ein vornehm klingender Name (z.B. ein französischer Name) und eine extravagante Verpackung (z.B. Seidenverpackung und/oder Verpackung in Edelholzkästchen) gewählt wird. Eine Einfachvariante ließe sich leicht dadurch gewinnen, daß man die Markierung und Verpackung völlig fortfallen läßt und die Seife damit als unmarkierte Nacktseife anbietet. In diesem Fall würde die Differenzierung weitgehend im Äußerlichen bleiben und im Durchschnitt kaum zu wesentlichen Kostenverschiebungen führen."

Darst. 25: Beispiel für ‚Beispiel-Hinweis‘

---

[14] Alle Beispiele entstammen A. Bänsch, Einführung in die Marketing-Lehre, 3. Aufl., München 1991.
Entsprechend bezeichnen die jeweils angegebenen Seiten die Fundstelle in dieser Quelle.

Ergänzungs-Hinweis

Textauszug (S. 258)
„Maßnahmen der Verkaufsförderung (u.a. Angebot von Schulungen für den Handel bei Beratungsbedürftigkeit des Produktes, Angebot von Präsentationshilfen, Gewährung von Einführungsrabatten) sollen das betreffende Produkt in die Absatzkanäle hineindrücken (push- Methode).[353]

.

.

.

[353] Dabei ist in den Planungen zu berücksichtigen, daß der dadurch entstehende Pipeline-Effekt (Auffüllung der Handelsläger) dann in der Folge zu vorübergehenden Umsatzeinbrüchen führen kann, da der Handel erst nach entsprechendem Abverkauf nachordern wird.“

Darst. 26: Beispiel für ‚Ergänzungs-Hinweis‘

Erläuterungs-Anmerkung

Textauszug (S. 254)
“Die praktische Anwendbarkeit dieses Verfahrens scheitert jedoch meistens schon daran, daß die Wirksamkeitsfunktionen von Absatzkonzeptionen in der Regel als nicht-linear anzunehmen sind.[345]

.

.

.

[345] Linearität bedeutet, daß die Beziehungen verschiedener Variablen zueinander eine geradlinige Darstellung ergeben. Die Veränderung um eine Einheit bei einer Variablen führt zu einer jeweils konstanten Veränderung bei der mit ihr in Beziehung stehenden Variablen.
Die Erhöhung des Werbeetats um z.B. 1000 DM würde dann jeweils eine Umsatzsteigerung von z.B. 10000 DM nach sich ziehen. Das aber erscheint unrealistisch.“

Darst. 27: Beispiel für ‚Erläuterungs-Anmerkung‘

Definitions-Hinweis

Textauszug (S. 128)
„Service wird hier folglich als eine Zusatzleistung gesehen, die verbesserte Voraussetzungen für die Absetzbarkeit der Grundleistung (Warenleistung oder Dienstleistung)[106] schaffen soll, indem sie der Anbahnung, der Durchführung und/oder der Erhaltung von Absatzleistungen dient.

.
.
.

[106] Selbst als Grundleistung einzustufende Dienstleistungen (z.B. vom Friseurhandwerk, von Party- oder Reinigungsdiensten) fallen damit nicht unter den Begriff des Service im hier verwendeten Sinn."

Darst. 28: Beispiel für ‚Definitions-Hinweis'

Hinweis auf weiterführende/vertiefende Literatur

Textauszug (S. 45)
„Im persönlichen Verkauf beispielsweise kann der Verkäufer also die Wahrscheinlichkeit für einen erfolgreichen Abschluß und für Wiederholungen durch ein Verhalten erhöhen, das der Kunde als belohnend empfindet. Entsprechend hat der Verkäufer seinem Kunden über sprachliche und nicht-sprachliche Kommunikationselemente Zustimmung, Lob, Anerkennung, Bewunderung zu senden.[110]

.
.
.

[110] Siehe zu weiteren Ausführungen: A. Bänsch, Verkaufspsychologie und Verkaufstechnik, 6. Aufl., München 1996, S. 63–69.

Darst. 29: Beispiel für ‚Literatur-Hinweis'

(Mess)-technischer Hinweis

Textauszug (S. 223)
„Dem Konsumenten 1 erscheint die Marke 1 moderner als die Marke 2, die Marke 2 liegt damit seiner Idealvorstellung von dieser Produktart näher als die Marke 1; die Distanz zur Marke 2 ist also geringer.[265]

.
.
.

[265] Die Distanz läßt sich hier durch einfaches Ausmessen der Punktabstände ($K_1 - M_2$ bzw. $K_1 - M_1$) feststellen."

Darst. 30: Beispiel für ‚(mess-)technischen Hinweis'

b. Abschnittspezifische Hinweise

Im Rahmen der Ausführungsbegleitung sind zu den im Block A dieser Schrift formulierten Grundansprüchen an den Basis-, den Kern- und den Schlußabschnitt einer wissenschaftlichen Arbeit Konkretisierungen anzuführen.

1. Basisabschnitt

Im Basisabschnitt kann man mit einer ‚Einleitung' beginnen, der Ausführungen zur ‚Fragestellung/Problemstellung', zum ‚Gang der Untersuchung' und zu den ‚Begriffsdefinitionen/-kennzeichnungen' zu folgen haben.

aa. Einleitung

Falls dem Gliederungspunkt ‚Fragestellung/Problemstellung' überhaupt eine ‚Einleitung' vorausgeschickt wird, so lautet die **Grundregel** für diese **Einleitung: Kurz halten!** Das heißt prinzipiell, bei Seminararbeiten nicht mehr als eine halbe Seite, bei Diplomarbeiten nicht mehr als eine Seite für die Einleitung vorsehen.

Da die ‚Einleitung' der ‚Fragestellung/Problemstellung' vorausgeht, kann sie nur die Funktion haben, die Bedeutung/den ‚Stellenwert' des Themas in einem größeren Kontext/im Rahmen einer allgemeinen oder speziellen, einer bereits langlaufenden oder aktuellen Entwicklung anzuzeigen.

Die einleitenden Ausführungen ordnen das Thema also ein und versuchen von daher eine Hilfestellung für das Verständnis der folgenden ‚Fragestellung/Problemstellung' zu bieten.

Dies erscheint nicht bei jeder Thematik erforderlich. Wird aber eine ‚Einleitung' geboten, weil man sie für zweckmäßig hält, so ist nicht weit auszuholen, sondern schnellstmöglich auf die ‚Fragestellung/Problemstellung' hinzuführen.

Im gegebenen Fall sollte man auf die Formulierung der ‚Einleitung' bei Erstellung der Erstfassung nur wenig Zeit verwenden. Denn eine entsprechend hilfreiche Einleitung läßt sich sowieso erst dann endgültig formulieren, wenn man aufgrund von Über- und Durchblick die Kompetenz dazu hat. Folglich kann sich sogar empfehlen, die ‚Einleitung' überhaupt erst nach Niederschrift der gesamten Erstfassung zu schreiben. Sonst ist jedenfalls dringend zu raten, die vorläufig formulierte ‚Einleitung' in der Überarbeitungsphase auszufeilen. Es sollte dann als Gliederungsüberschrift auch nicht schlicht ‚Einleitung' gesetzt werden, sondern eine den **Inhalt der ‚Einleitung' kennzeichnende Überschrift.**

bb. Fragestellung/Problemstellung

Bereits im Block A dieser Schrift wurde herausgestellt, daß die Umsetzung des Themas in eine klare, themenadäquate Fragestellung unabdingbare Voraussetzung für das Gelingen einer wissenschaftlichen Arbeit ist. Da hier die entscheidende Weichenstellung erfolgt, seien zur Demonstration und Illustration vier Beispiele für Themenumsetzungen gegeben. Der Grad der dabei jeweils angeführten Breite und Tiefe spricht eher für die Bearbeitungsmöglichkeit in einer Diplomarbeit als in einer Seminararbeit.

THEMA

Ökologische Ziele im operativen und strategischen Zielsystem erwerbswirtschaftlicher Unternehmen

FRAGESTELLUNG

(1) Sind ökologische Ziele in erwerbswirtschaftlichen Unternehmen Bestandteil des operativen und/oder strategischen Zielsystems (**Ist**zustand)?
  (a) Um welche ökologischen Ziele handelt es sich konkret?
  (b) Auf welcher Ebene in der Zielhierarchie sind die ökologischen Ziele eingeordnet?

(2) Welcher **Soll**zustand ist aus betriebswirtschaftlicher Sicht für die Integration ökologischer Ziele in das operative und/oder strategische Zielsystem begründbar?

Darst. 31: Beispiel (1) für Thementransfer in Fragestellung

THEMA

Genossenschaftsadäquate Programmpolitik

FRAGESTELLUNG

(1) Welche programmpolitischen Ansätze sind grundsätzlich mit dem genossenschaftlichen Förderungsziel vereinbar?
(2) Wie sind die als grundsätzlich genossenschaftsadäquat einstufbaren Programmansätze im einzelnen hinsichtlich der Zielsetzung(en) von Beschaffungs- und Verwertungsgenossenschaften auszugestalten (= Frage nach der jeweils optimalen Produktdifferenzierungs-, Produktlinien-, Diversifizierungs- und Servicepolitik)?

Darst. 32: Beispiel (2) für Thementransfer in Fragestellung

THEMA

Irritations- und Reaktanzeffekte als Probleme marktgerichteter Kommunikationspolitik

FRAGESTELLUNG

(1) Welche Negativfolgen resultieren aus dem Auftreten von Irritations- und Reaktanzeffekten?
(2) Wie ist marktgerichtete Kommunikationspolitik zu konzipieren, um Irritations- und Reaktanzeffekten vorzubeugen?
(3) Wie lassen sich eingetretene Irritationen und Reaktanzen kommunikationspolitisch therapieren?

Darst. 33: Beispiel (3) für Thementransfer in Fragestellung

THEMA

Furchtappelle in der marktgerichteten Kommunikationspolitik

FRAGESTELLUNG:

(1) Unter welchen Bedingungen erscheinen Furchtappelle in welcher Gestaltung für welche kommunikationspolitischen Ziele erfolgversprechend?
(2) Auf Basis der Antworten zu (1): Wie sind empirisch vollzogene Anwendungen von Furchtappellen hinsichtlich ihrer Effizienz(wahrscheinlichkeit) zu beurteilen?

Darst. 34: Beispiel (4) für Thementransfer in Fragestellung

Im Unterschied zur ‚Einleitung‘ ist die ‚Fragestellung/ Problemstellung‘ in jedem Fall **vor** Niederschrift der sonstigen Erstfassung zu konzipieren.

Sie ist zunächst Ausdruck der Vorstellungen, die man vor Niederschrift der Erstfassung vom jeweiligen Thema entwickelt hat. Da dann bei Niederschrift der Erstfassung ein immer vollkommenerer Über- und Durchblick zum Thema entsteht, sollte man die vorläufig formulierte ‚Fragestellung/Problemstellung‘ für die Überarbeitungsphase zum ‚Feinputz‘ vorsehen.

Damit soll aber keinesfalls signalisiert werden, man dürfe sich hinsichtlich der ‚Fragestellung/Problemstellung‘ zunächst bewußt Unschärfe, Unverbindlichkeit, Halbheit und/oder Oberflächlichkeit erlauben. Denn dies würde entsprechende ‚Dis-Qualitäten‘ für die Erstfassung programmieren.

Man benötigt eine klare, themenadäquate Fragestellung: Ohne **klare Fragestellung** können keine klaren Ausführungen entstehen, ohne **themenadäquate Fragestellung** sind entweder überhaupt keine themenbezogenen oder zumindest keine den Fragenkreis des Themas angemessen ausschöpfenden Ausführungen zu erwarten.

Als **Ratschläge** seien noch angeführt:

- Man sollte sich das Thema und die zugehörige Fragestellung/Problemstellung (in vergrößerter Form) am Arbeitsplatz so aufstellen oder aufhängen, daß der Blick zwangsläufig immer wieder darauf fällt. So kommt immer wieder ins Bewußtsein, welchem Ziel die anstehenden wissenschaftlichen Bemühungen zu dienen haben!
- Von allen vorläufig fertiggestellten Teilen der Arbeit sollte man sich umgehend Kopien fertigen und diese dezentral plazieren. Bei der Arbeit mit Textverarbeitungssystemen ist unbedingt eine mehrfache Sicherung der eingegebenen Teile zu realisieren. Nur auf diese Weise kann man sich gegen (unwiederbringliche oder im Zeitrahmen nicht wiedererbringbare) Verluste seiner geistigen Früchte sichern!

cc. Gang der Untersuchung/Konzeption der Problembearbeitung

Unter einem Gliederungspunkt, der **‚Gang der Untersuchung'** oder ‚Konzept der Problembearbeitung' überschrieben sein kann, ist dem Leser/Gutachter mitzuteilen, auf welchem Weg/in welchen Ablaufschritten man die Fragestellung/Problemstellung zu behandeln gedenkt.

Erscheinen die angeführten Einzelschritte in ihrer Abfolge nicht aus sich selbst heraus verständlich, ist dazu jeweils eine kurze Begründung anzugeben. Der Autor/die Autorin schützt sich durch diesen Gliederungspunkt zusätzlich vor dem unkontrollierten ‚Losschreiben' und erhöht die Wahrscheinlichkeit dafür, daß Leser/Gutachter den Arbeitsaufbau verstehen und akzeptieren können.

Für das zuvor mehrfach verwendete Themenbeispiel ‚Furchtappelle in der marktgerichteten Kommunikationspolitik' kann der ‚Gang der Untersuchung' vorläufig[15] etwa in folgender Weise formuliert werden:

> Im Abschnitt A ist zunächst der Begriff ‚Furcht' themenadäquat abzugrenzen. Im weiteren sind hier die marktgerichteten Kommunikationsinstrumente unter Hinweis auf ihre Zielsetzung zu registrieren.
>
> Abschnitt B hat herauszustellen, welche Wirkungen Furchtappelle grundsätzlich zeigen können und welche Wirkungskette das Marketingmanagement im Hinblick auf die kommunikationspolitischen Ziele wünscht.
>
> Im Abschnitt C ist dann im einzelnen zu prüfen, ob und inwieweit die Zielwirkungen von Furchtappellen durch Beeinflussung von Kommunikationsvariablen steuerbar sind.
>
> Die dabei gewonnenen Erkenntnisse werden im Abschnitt D in Folgerungen für den Einsatz kommunikationspolitischer Instrumente umgesetzt. Zum einen sollen hier Hilfen für die Entwicklung von Kommunika-

[15] Auch für diesen Gliederungspunkt gilt, daß seine Erstfassung der Überprüfung und des ‚Feinputzes' in der Überarbeitungsphase bedarf.

tionskonzepten mit Furchtappellen gegeben werden, zum anderen zielen die Analysen darauf, vollzogene Anwendungen von Furchtappellen zu überprüfen und zu ihnen (im Falle nachweisbarer Effizienzdefizite) Verbesserungsvorschläge zu entwickeln. Dies soll anhand ausgewählter Anzeigenbeispiele geschehen.

Die Zusammenfassung der Ergebnisse und ein Ausblick auf offene Fragen beschließen die Arbeit (Abschnitt E).

Darst. 35: Beispiel für Text zum ‚Gang der Untersuchung'

dd. Definitionen/Kennzeichnung von (thementragenden) Begriffen

Im Block A dieser Schrift wurde bereits generell auf die Notwendigkeit hingewiesen, die als Themenbestandteil erscheinenden **Begriffe** eingangs (im Basisteil) der wissenschaftlichen Arbeit **problemstellungs-adäquat** zu **klären**. Je nach der Komplexität eines Begriffes (an sich oder der aus dem Kontext seiner Verwendung resultierenden Komplexität) kann

- sich eine kompakte Definition als angemessen erweisen oder
- eine auch das Begriffsumfeld ausleuchtende und Begriffsbestandteile kommentierende Kennzeichnung/Umschreibung des Begriffes erforderlich sein.

Im Themenbeispiel ‚Furchtappelle in der marktgerichteten Kommunikationspolitik' sei hier nur der Begriff ‚Furcht' exemplarisch aufgenommen. Zu ihm erscheint eine Begriffskennzeichnung in etwa folgender Form zweckmäßig:

Umgangssprachlich wird der Begriff ‚Furcht' gleichbedeutend mit dem Begriff ‚Angst' verwendet. In der Wissenschaftssprache existiert allerdings folgende Differenzierung:[1] **‚Angst'** repräsentiert mehrdeutige und unbestimmte Gefühle der Bedrohung. Der Betroffene vermag dementsprechend keine gezielten Reaktionsmöglichkeiten zu ermitteln. Der Begriff **‚Furcht'** bezieht sich hingegen auf die Gefühle der Bedrohung, die in ihren Quellen/ Ursachen eindeutig feststellbar sind. Entsprechend kann die betroffene Person hier auch Möglichkeiten zur Reduzierung ihrer negativ erlebten Erregung erkennen.

In diesem Sinne ist der Begriff ‚Furcht' auch im Themenkontext zu verstehen. Denn marktgerichtete Kommunikationspolitik will bestimmte Kaufreaktionen erreichen. Dazu wird kommuniziert: Es existieren bestimmte Bedrohungen (z.B. Karies und Parodontose); diesen ist nur mit regelmäßiger Verwendung eines bestimmten Produktes (z.B. bestimmte Zahnpastamarke) zu begegnen.

[1] Vgl. H. Krohne, Angst und Angstverbreitung, Stuttgart 1975, S. 17.

Darst. 36: Beispiel für Text zur ‚Begriffs-Kennzeichnung'

2. Kernabschnitt

Im Kernabschnitt der Arbeit sind die Ankündigungen aus den Gliederungspunkten ‚Fragestellung/Problemstellung' und ‚Gang der Untersuchung' einzulösen.

Zur Realisierung dieses Zieles mag sich ein punktuelles Nachrecherchieren von Literatur oder sonstigem Material als notwendig erweisen.

Zu warnen ist bei (den unter strenger Zeitbegrenzung und damit festem Abgabetermin stehenden) Seminar- und Diplomarbeiten aber davor, sich beim Schreiben der Erstfassung so in Einzelfragen oder Details zu ‚verbeißen', daß die termingerechte Fertigstellung der Gesamtarbeit in Gefahr gerät. Nicht zu vergessen ist dabei auch, daß ein nicht zu knapper Zeitraum für die Überarbeitung verbleiben muß.

Stößt man also auf ein zunächst nicht/nicht optimal lösbares Teilproblem, so sollte man sich nach Ablauf einer dafür vorgesehenen Lösungszeit fragen, ob dieses Problem nicht überhaupt oder zumindest vorübergehend ausgeklammert werden kann.

Zum Teil lösen sich derartige Probleme im weiteren Verlauf nebenher. Sonst ist die Situation, daß (bis auf ein Teilproblem oder wenige Teilprobleme) im wesentlichen alles grundsätzlich ‚steht', ein nervenberuhigendes Polster, von dem aus weniger verkrampft und damit erfolgversprechender neu nachgedacht werden kann.

Zu vermeiden ist auf jeden Fall das Horrorszenario, daß man aufgrund des ‚Nicht-Weitergehens' immer mehr Zeitdruck empfindet und schließlich vom Zeitdruck quasi paralysiert wird. Erfahrungsgemäß hat es also psychologisch erhebliche Bedeutung, mit fortschreitender Zeit auch seinen Bestand an Erstfassungsseiten entsprechend wachsen zu sehen.

Ergänzend seien bereits zur Erstellung der Erstfassung des Kernteiles noch folgende **Hinweise** vermerkt:

- **Exkurse** im eigentlichen Sinne des Wortes haben in einer wissenschaftlichen Arbeit nichts zu suchen! Denn das vom lateinischen ‚excursio' stammende Wort Exkurs steht für ‚Ausflug/Ausfall/Abschweifung'. Das heißt, wird ein Exkurs angezeigt und tatsächlich vollzogen, so bedeutet dies nichts anderes, als daß man das Thema/die Themenfragen verläßt.
- Die **Überschrift** über dem **Kernabschnitt** muß deutlich erkennbar das Thema spiegeln. Denn im Kernabschnitt ist (nach den Vorbereitungen im Basisteil) die eigentliche Behandlung des Themas zu vollziehen. Folglich kann es sich bei dem Gliederungstext, der den Kernabschnitt inhaltlich kennzeichnet, nur um eine sprachliche Variation zur Themenformulierung handeln.
- Die **Gliederungstexte** der (jeder Arbeit) vorangestellten Gliederung müssen durchgehend voll identisch mit den in der Arbeitsausführung ausgewiesenen Gliederungstexten sein (identische Formulierungen und identischer Tiefegrad).

3. Schlußabschnitt

Der Schlußabschnitt dient in mehrfacher Hinsicht der **Abrundung der wissenschaftlichen Arbeit**.

Zum einen dient er der Abrundung insofern, als hier zusammenfassend dokumentiert werden kann, daß die in der Fragestellung/Problemstellung formulierte Vorgabe vollständig eingelöst worden ist.

Im weiteren können – je nach gegebener Situation – Abrundungen in folgenden Formen in Betracht kommen:

- Hinweise auf (notwendigerweise) methodisch bedingte Einschränkungen im Gültigkeitsrahmen von Ergebnissen
- Hinweise auf (notwendigerweise) nicht behandelte, aber mit dem Thema verbundene Fragen
- Einschätzungen/Prognosen hinsichtlich der weiteren Entwicklung bestimmter Strukturen und/oder Prozesse und damit Hinweise zur voraussichtlichen zeitlichen Stabilität/Instabilität von Untersuchungsergebnissen.

Zu vermeiden ist auch im Schlußabschnitt alles, was auf eine Eigenbegutachtung hinausläuft.

Zu Formulierungen wie

> ‚Damit konnten wissenschaftlich wertvolle Ergebnisse erzielt werden.'
>
> ‚Aus der lückenlos geschlossenen Argumentationskette ergab sich... .'
>
> ‚Der damit erzielte Fortschritt ist gegenüber der vorliegenden Literatur als sehr wesentlich einzustufen.'

sieht sich hoffentlich der Gutachter der betreffenden Arbeit veranlaßt. Seitens des Autors/der Autorin aber hat derartiges Eigenlob zu unterbleiben.

VI. Überarbeitung

Bei den Hinweisen zur Niederschrift der Erstfassung wurde wiederholt vermerkt, daß die **Erstfassung nur** als **vorläufige Version** angesehen werden könne.

Dies gilt zunächst und häufig vor allem für den **Basisteil**. Er wird – unabänderlich – aus vorläufigem Kenntnisstand/ auf Basis unvollständigen Durch- und Überblicks geschrieben. Von daher repräsentiert der Basisteil einen revisionsanfälligen Plan, der sich in der Regel tatsächlich als revisionsbedürftig erweist.

Diese Erscheinung ist Teil der Normalität wissenschaftlichen Arbeitens und braucht zu keinerlei Dramatik zu führen, wenn man sich einen nicht zu knapp bemessenen Überarbeitungszeitraum ausgespart hat.

In der **Endfassung** müssen ohne jegliche Abstriche folgende Harmonien realisiert sein

- Harmonie zwischen den im Schlußteil präsentierten Ergebnissen/Antworten und den in der ‚Fragestellung/Problemstellung' angekündigten Untersuchungsinhalten
- Harmonie zwischen dem angekündigten ‚Gang der Untersuchung' und dem tatsächlich vollzogenen Untersuchungsprozeß
- Harmonie zwischen den Definitionen/Kennzeichnungen von Begriffen und ihrer Verwendung während der gesamten Arbeit
- Harmonie zwischen angegebenen Prämissen und dem tatsächlichen Rückgriff auf Prämissen
- Harmonie zwischen Untersuchungsdesigns und tatsächlicher Durchführung von Untersuchungen.

Disharmonien sind vollständig zu beseitigen, indem man je nach vorliegender Situation

- die ‚Fragestellung/Problemstellung' umformuliert (ausweitet oder verengt) oder die Ausführungen um die Bearbeitung zunächst offengebliebener/offengelassener Teilfragen ergänzt
- die Erläuterungen zum ‚Gang der Untersuchung' entsprechend umformuliert
- die vorläufigen Begriffsfassungen, Prämissenangaben, Untersuchungsdesigns den tatsächlichen Verwendungen/ Gegebenheiten anpaßt.

Die gesamte Behandlung der Fragestellung/Problemstellung im **Kernteil** der Arbeit ist daraufhin zu überarbeiten, daß die **Endfassung**

- weder themenfremde Passagen noch hinsichtlich des Themas unnötig breite Passagen zeigt (Kompression der Erstfassung in Richtung auf das Ideal **‚Jeder Satz ist ein notwendiger Satz!'**)
- nur lückenlose und in sich widerspruchsfreie Argumentations-/Beleg-/Beweisketten aufweist
- frei ist von
  - bloßen Behauptungen, Mutmaßungen, Spekulationen
  - ‚eigentlichen' Werturteilen
  - Unschärfen, Ungenauigkeiten, Oberflächlichkeiten
  - Trivialitäten
  - ungerechtfertigten Wiederholungen
  - Zitierfehlern und fehlenden Quellenangaben
  - Gliederungsfehlern
  - Stilmängeln und Verstößen gegen Sprachregeln.

VII. Thesenpapier (als eventuelle Zusatzanforderung)

Bei Seminararbeiten wird nicht selten als Zusatzleistung die **Erstellung eines Thesenpapiers** verlangt. Thesenpapiere sollen in Seminaren als Diskussionsgrundlage und –anreiz dienen. Daraus erklärt sich, daß ein Thesenpapier die Untersuchungsergebnisse einer Arbeit pointiert zu spiegeln hat und besonderes Gewicht auf umstrittene und damit diskussionsbedürftige Aspekte legen sollte. Nachdrücklicher Diskussionsanreiz läßt sich durch bewußt provozierende Formulierungen setzen.

Die einzelnen Thesen sind

- kurz zu halten
- folgerichtig ('roter Faden') durchnumeriert darzubieten.

BEISPIEL

Zu einem Marketingthema **‚Wandlungen im Seniorenmarkt – Folgerungen für die segmentspezifische Ausrichtung der Werbung'** mögen sich etwa folgende Thesen ergeben:

1. Senioren repräsentieren ein quantitativ und kaufkraftbezogen wachsendes Segment, das bisher von der Werbung kaum gesondert bearbeitet wird.
2. Senioren haben (gegenüber jüngeren Zielgruppen) abgehobene Wertvorstellungen und Einstellungen, wünschen aber nicht als ‚Senioren' oder gar ‚Alte' angesprochen zu werden.
3. Senioren sind aufgrund eingeschränkter/fehlender sozialer Kontakte und umfangreicherer Freizeit offener für Werbung als jüngere Zielgruppen.
4. Werbekonzepte, die sich durch leichte Erfaßbarkeit und deutliche Bezugnahme auf Wertvorstellungen/Einstellungen der Senioren auszeichnen, versprechen die größte Effizienz.
5. Diese Werbekonzepte dürfen die anzubietenden Produkte nicht als Senioren- oder gar als Altersprodukte etikettieren.
6. Durch Konzepte, die nicht senioren- oder altersetikettiert sind, läßt sich auch der Gefahr begegnen, daß Produkte durch seniorenspezifische Werbung das Negativimage ‚alt' erhalten.

Darst. 37: Beispiel für Thesenpapier

VIII. Reinschrift

a. Grundhinweise

Die folgenden Hinweise spiegeln die allgemein üblichen Grundregeln. Danach gilt als **Ordnungsschema für die Heftung/Bindung**:

- Leerseite
- Titelblatt
- Inhaltsverzeichnis
- eventuell Abkürzungsverzeichnis
- eventuell Symbolverzeichnis
- eventuell Darstellungsverzeichnis
- Textseiten
- eventuell Anhang
- Literatur-/Quellenverzeichnis
- Eidesstattliche Versicherung

Bis zum Beginn der Textseiten pflegt man mit römischen Ziffern, ab Beginn der Textseiten mit arabischen Ziffern zu numerieren.[16] Alle Seiten sind als DIN A 4-Seiten nur einseitig zu beschreiben.

---

[16] Die Titelseite wird dabei in der Regel als Seite I gezählt, ohne allerdings mit dieser Seitenzahl versehen zu werden.

b. Titelblatt

Die folgenden zwei Musterblätter erfüllen die Informationsanforderungen, die im allgemeinen an das Titelblatt gestellt werden:

UNIVERSITÄT HAMBURG
FACHBEREICH WIRTSCHAFTSWISSENSCHAFTEN

PROF. DR. PETER PRÜFER
SEMINAR ZUR ALLGEMEINEN BETRIEBS-
WIRTSCHAFTSLEHRE
WS ......

GENERALTHEMA: Absatz und Ökologie

Hausarbeit
zum Thema 10

„Modell(wechsel)-Politik unter ökologischen und erwerbswirtschaftlichen Zielen"

eingereicht von:

Peter Muster
5. Semester Betriebswirtschaftslehre
Matrikelnummer: ....

Beispielstr. 39
22111 Hamburg
Tel.: ....

Hamburg, den ....

Darst. 38: Beispiel für Titelblatt einer Seminararbeit

IRRITATIONS- UND REAKTANZEFFEKTE ALS PROBLEME DER MARKTGERICHTETEN KOMMUNIKATIONSPOLITIK

DIPLOMARBEIT
(mit drei Monaten Bearbeitungsdauer)
zur Erlangung des Grades einer Diplomkauffrau
am Fachbereich Wirtschaftswissenschaften
der Universität Hamburg

eingereicht von:
cand. rer. pol. Petra Muster
7. Sem. Betriebswirtschaftslehre
Matrikelnummer: ....

Beispielstr. 39
22111 Hamburg
Tel.: ....

Prüfer:
Prof. Dr. PETER PRÜFER

Hamburg, den ....

Darst. 39: Beispiel für Titelblatt einer Diplomarbeit

c. Inhaltsverzeichnis

Im Inhaltsverzeichnis erscheinen alle der Titelseite folgenden Bestandteile der Arbeit unter Angabe der jeweiligen Seitenzahl. Umfangreichster Teil ist jeweils die Gliederung, die man im Inhaltsverzeichnis gestuft zu schreiben pflegt.

Beispielsweise kann sich folgendes Bild ergeben:

INHALTSVERZEICHNIS

ABKÜRZUNGSVERZEICHNIS IV
SYMBOLVERZEICHNIS V
DARSTELLUNGSVERZEICHNIS VI

GLIEDERUNG

A. Grundlegung 1
    I. Problemstellung 1
    II. Gang der Untersuchung 2
    III. Begriffs-Kennzeichnungen 2
        a.
        b.

B.
.
.
.
.

ANHANG 45
QUELLENVERZEICHNIS 48
EIDESSTATTLICHE VERSICHERUNG 52

Darst. 40: Beispiel für Inhaltsverzeichnis

d. Textseiten

Die Textseiten können (je nach Fußnotenzahl) mit bis zu 40 Zeilen bei (je nach Schriftart) 60–80 Anschlägen pro Zeile (Schreibmaschine: 10er Teilung; Textverarbeitungsprogramm: 12 Punkte) gefüllt werden. Dabei ist von 1½-zeiligem Schriftbild auszugehen.

Fußnotentexte sind 1-zeilig zu schreiben; entfallen auf eine Seite mehrere Fußnoten, so kann man zwischen ihnen 1½ Zeilen Abstand einrichten. Die Schriftgröße kann für die Fußnotentexte kleiner sein, sollte bei Textverarbeitungsprogrammen aber nicht unter 8 Punkte gehen.

Für die Textseiten ergibt sich damit ungefüllter Raum, der für folgende Randaufteilung verwendet werden sollte:

- mindestens 5 cm Rand **links** (für die Gutachter-Kommentare)
- mindestens 2 cm Rand **oben** (mit Einfügung der Seitenzahl in diesen Rand).

Gliederungspunkte können auf den Textseiten linksbündig mit jeweils 2-zeiligem Abstand zu den Ausführungen angelegt werden; Unterstreichungen der Gliederungsoberpunkte sind dabei gängig, aber nicht zwingend.

In (drucktechnisch bedingter) Verkleinerung und ohne Randberücksichtigung präsentiert sich eine Musterseite dann in folgender Weise:

A. Konkretisierungsversuche über Kommentierung des Förderungsziels (per Formulierung managementgerichteter Verhaltensanweisungen)

I. Grundauftrags-Formulierung HENZLERs

Der genossenschaftliche Grundauftrag besagt in den Worten HENZLERs, „daß sich diejenigen, die für die genossenschaftliche Betriebspolitik verantwortlich sind, in ihrer genossenschaftlichen Arbeit in dem von diesem Auftrag gesteckten Rahmen bewegen müssen und nicht gegen ihn verstoßen dürfen“[1]. „Es ist ein von der Personenvereinigung als der Gesamtheit der Mitglieder an die Leitung der genossenschaftlichen Betriebswirtschaft erteilter Dauerauftrag“[2], der die Genossenschaftsleitung unter die Anweisung stellt: „Unter den jeweils gegebenen Umständen, vor allem in Anpassung an die bestehende Marktlage stets so zu handeln, wie es auf die Dauer allen Mitgliedern und ihren Wirtschaften am besten zum Nutzen gereicht.“[3]

Diese Verhaltensanweisung an das genossenschaftliche Management erbringt jedoch keine Operationalisierung der genossenschaftlichen Zielsetzung im Sinne der hier formulierten Operationalitätskriterien, da zumindest die Formulierungsbestandteile ‚jeweils gegebene Umstände‘, ‚in Anpassung‘, ‚auf die Dauer‘, ‚am besten‘, ‚zum Nutzen‘ vielfältige Interpretationsmöglichkeiten bieten.[4]

Es mangelt diesen Anweisungselementen an der definitorischen Eindeutigkeit und folglich an der intersubjektiv unmißverständlichen Mitteilbarkeit. Damit eröffnet die Anweisungsformulierung HENZLERs auch keine Möglichkeiten zu Messungen und Kontrollen. Die Managementoperationen sind nur scheinbar determiniert, tatsächlich bietet jedes der ange-

[1] R. Henzler, Der genossenschaftliche Grundauftrag: Förderung der Mitglieder, Frankfurt/M. 1970, S. 198.
[2] R. Henzler, Genossenschaft, a. a. O., S. 19.
[3] R. Henzler, Genossenschaft, a. a. O., S. 18.
[4] Vgl. dazu auch die Kritik von W. Engelhardt, a. a. O., S. 231.

Darst. 41: Beispiel für Textseite

e. Anhang

Im allgemeinen ist in Seminar- und Diplomarbeiten ein **‚Anhang‘** weder notwendig noch zweckmäßig.

Das jeweils verwendete **Material** (Tabellen, Grafiken, Fotokopien) **sollte ‚vor Ort‘ präsentiert werden**. Das heißt, man sollte es dort in den Text der Arbeit einfügen, wo man sich auf dieses Material bezieht. Zum einen wird dadurch dem Leser/Gutachter das Hin- und Herblättern erspart, zum anderen bewahrt diese Verfahrensweise vor ‚Materialgräbern'. Es läßt sich dadurch also am ehesten vermeiden, daß in der Sammelphase zusammengetragene, aber letztlich an keiner Stelle der Ausführungen verwendete Materialien in den ‚Anhang' gepackt werden, um ihnen auf diese Weise noch einen ‚gewissen Nutzen' zu geben.

Eine derartige Verhaltensweise pflegt den Gutachtern aufzufallen und entsprechend Minuspunkte einzutragen.

Als berechtigte **Ausnahmen** von der Grundregel kommen vor allem in Betracht:

- die Bezugnahme im Text bedarf zu ihrer Absicherung/Dokumentation der Präsentation einer recht umfangreichen Grundlage (z.B. Wiedergabe eines längeren Gesetzestextes, einer längeren mathematischen Ableitung) oder originären Internet-Materials
- die Bezugnahme auf bestimmtes Material vollzieht sich an mehreren, seitenmäßig auseinanderliegenden Textstellen der Arbeit
- es sind relativ lange Erklärungen zur Anlage und/oder Auswertung empirischer Untersuchungen abzugeben (z.B. Dokumentation des Wortlautes einer vollstandardisierten Befragung).

f. Literatur-/Quellenverzeichnis

Zur Anfertigung einer wissenschaftlichen Arbeit sind in jedem Fall

- Monographien
- Artikel in Sammelwerken (Lexika, Handbücher, Festschriften)
- Artikel in Zeitschriften

heranzuziehen. Bleiben die Recherchen darauf beschränkt, so sind die jeweiligen Titel unter der Überschrift **‚Literaturverzeichnis'** anzuzeigen.

Werden im weiteren Quellen wie

- Gesetzestexte
- Persönliche Auskünfte
- Broschüren

herangezogen, so ist das Gesamtverzeichnis als **‚Quellenverzeichnis'** zu bezeichnen.

Die Gestaltung des Literatur-/Quellenverzeichnisses ist darauf auszurichten, ob im Text der Arbeit im Vollbeleg oder im Kurzbeleg zitiert wurde.

In beiden Fällen sollte innerhalb des Literatur-/Quellenverzeichnisses zumindest der erste Vorname der jeweiligen Autoren vollausgeschrieben angegeben werden, um dem Leser/Gutachter das Auffinden von Quellen zu erleichtern. Im Falle des **Vollbeleges** kann das Literatur-/Quellenverzeichnis in die zuvor angeführten Quellenkategorien (Monographien, Artikel in Sammelwerken usw.) untergliedert werden. Allerdings wirkt diese Aufspaltung bei insgesamt relativ kleiner Quellenzahl ‚aufgesetzt'. Das heißt, bei Seminar- und Diplomarbeiten empfiehlt sich in der Regel nur die Trennung eventueller Auskünfte von den sonstigen Quellen. Die Quellen sind alphabetisch geordnet anzulegen und innerhalb der alphabetischen Ordnung chronologisch zu sortieren.

Beispiel für ein Literaturverzeichnis bei **Vollbeleg**:

LITERATURVERZEICHNIS[17]

Ahlert, Dieter; Schröder, Hendrik: Rechtliche Grundlagen des Marketing, Stuttgart u.a. 1989

Bänsch, Axel: Zur Verwendung von Furchtappellen in der Werbung und im Persönlichen Verkauf, in: Jahrbuch der Absatz- und Verbrauchsforschung, Jg. 33 (1987), S. 304-318

Bänsch, Axel: Produktmanagement zwischen ökologischen Forderungen und ökonomischen Zielen, in: Jokisch, Jens u.a. (Hrsg.), Finanz-, Bank- und Kooperationsmanagement, Festschrift zum 65. Geburtstag von Helmut Lipfert, Frankfurt/M. 1989, S. 15-28

Bänsch, Axel: Einführung in die Marketing-Lehre, 3. Aufl., München 1991

Bänsch, Axel: Käuferverhalten, 7. Aufl., München 1996

Bänsch, Axel: Verkaufspsychologie und Verkaufstechnik, 6. Aufl., München 1996

Haas, Hans-Lüder: Ein Dyopolmodell mit Gleichgewichtslösungen, Wiesbaden 1976

Meffert, Heribert: Marketing, 7. Aufl., Wiesbaden 1986

Raffée, Hans u.a.: Theorie der kognitiven Dissonanz und Konsumgüter-Marketing, Wiesbaden 1973

Ray, Michael L.; Wilkie, William, L.: Fear: The Potential of an Appeal Neglegted by Marketing, in: Journal of Marketing, Vol. 34 (Jan. 1970), S. 54-62

Weber, Axel B.: Die Theorie der kognitiven Dissonanz in ihrer Relevanz für Kaufentscheidungen von Konsumenten und für die Gestaltung der Marketingkommunikation, Zürich u.a. 1978

Darst. 42: Beispiel für Literaturverzeichnis beim Vollbeleg-Zitieren

Für den Fall des Zitierens im **Kurzbeleg** hat jegliche Gruppierung nach bestimmten Quellentypen (z.B. in Monographien, Artikel in Sammelwerken usw.) im Literatur-/Quellenverzeichnis zu unterbleiben. Das Literatur-/Quellenverzeichnis ist also ausschließlich alphabetisch anzulegen und innerhalb der alphabetischen Ordnung – wie im Vollbeleg-Fall – chronologisch zu sortieren.

[17] Aufgenommen sind in dieses Beispiel Titel, die im Laufe dieser Schrift für Demonstrationen herangezogen wurden. Titel, die sich nur mit ‚o. V.' (= ohne Verfasserangabe) dokumentieren lassen, werden üblicherweise auch rein alphabetisch, also unter dem Buchstaben ‚O' eingeordnet.

Ist ein Autor mit mehreren Quellen aus einem Jahr vertreten, so hat man die Eindeutigkeit der Zuordnung durch Kleinbuchstaben-Zusätze herzustellen.

Zur Demonstration sei ein Ausschnitt des vorstehenden Vollbeleg-Verzeichnisses für den **Kurzbeleg**-Fall ausgeführt.

LITERATURVERZEICHNIS

Ahlert, Dieter; Schröder, Hendrik (1989): Rechtliche Grundlagen des Marketing, Stuttgart u. a. 1989
Bänsch, Axel (1996 a): Käuferverhalten, 7. Aufl., München 1996
Bänsch, Axel (1996 b): Verkaufspsychologie und Verkaufstechnik, 6. Aufl., München 1996
Haas, Hans-Lüder (1976): Ein Dyopolpolmodell mit Gleichgewichtslösungen, Wiesbaden 1976

Darst. 43: Beispiel für Literaturverzeichnis beim Kurzbeleg-Zitieren

Die jeweils am Ende angeführten Erscheinungsjahre können auch entfallen, da sie ja bereits (als Klammerangabe) hinter dem/den Autorennamen vermerkt sind.

g. (Eidesstattliche) Erklärung

Eine schriftliche Erklärung des Verfassers, die betreffende Arbeit selbständig und ohne fremde Hilfe angefertigt zu haben, pflegt bei Seminararbeiten unüblich, dagegen bei Diplomarbeiten obligatorisch zu sein.

Da die Ansprüche des jeweiligen Prüfers/Prüfungsamtes an eine derartige Erklärung differieren können, muß man sich von dem geforderten Wortlaut vergewissern.

Im Fachbereich Wirtschaftswissenschaften der Universität Hamburg z.B. wird (gem. Prüfungsordnung) für Diplomarbeiten eine Erklärung folgenden Wortlautes verlangt:

> „Ich versichere, daß ich die vorstehende Arbeit selbständig und ohne fremde Hilfe angefertigt und mich anderer als der im beigefügten Verzeichnis angegebenen Hilfsmittel nicht bedient habe. Alle Stellen, die wörtlich oder sinngemäß aus Veröffentlichungen entnommen wurden, sind als solche kenntlich gemacht."

Diese Erklärung ist zu datieren und in beiden abzugebenden Exemplaren handschriftlich mit Vor- und Nachnamen zu unterzeichnen.

C. Kriterien zur Beurteilung wissenschaftlicher Arbeiten

I. Funktion und Anlage des Kriterien-Kataloges

Wie im Vorwort angekündigt, soll dieser Schlußblock C einen Gesamtüberblick über die Kriterien präsentieren, an denen Gutachter ihre Beurteilungen auszurichten pflegen.

Die kompakte Zusammenstellung der zuvor (in den Blöcken A und B) ausgeführten Bewertungskriterien gibt die Möglichkeit, nochmals systematisch durchzuchecken, ob die zur Abgabe vorgesehene Fassung tatsächlich in jeder Beziehung bestehen kann oder ob punktuell noch Nachbesserungen nötig sind.

Die bei der Begutachtung relevanten Kriterien werden in Fragen gekleidet, die der Gutachter sich üblicherweise zu eingereichten Arbeiten stellt.

Da hinsichtlich des Gewichtes der einzelnen Kriterien (wegen der Gutachter-Individualitäten) keine allgemeingültigen Angaben möglich sind, wird hier auf Gewichtungen völlig verzichtet. Die Reihenfolge, in der die Kriterien in der Folge erscheinen, ist also nicht einmal als Gewichtungshinweis zu interpretieren.

Um möglichst kompakt bleiben zu können, sei in der Kriterienzusammenstellung auf alle Zwischentexte verzichtet. Zur Orientierungserleichterung ist lediglich eine Gruppierung nach den Stichworten vollzogen, unter denen die jeweiligen Kriterien bereits im Block A und B erschienen. Im Einzelfall mag es dabei Geschmackssache sein, unter welches Stichwort man bestimmte komplexe Kriterien einordnet (z. B. ‚Registrieren von Lücken, Widersprüchen, Fragwürdigkeiten in der Literatur' unter dem Stichwort ‚Literaturbearbeitung' oder unter dem Stichwort ‚Eigenständigkeit'). Entscheidend ist letztlich ‚nur', daß eine wissenschaftliche Arbeit alle Kriterien – unter welchem Stichwort man sie auch sehen mag – erfüllt.

II. Kriterien-Katalog

FRAGESTELLUNG

- Ist die Fragestellung klar formuliert?
- Ist die Fragestellung themenadäquat, d.h. bezieht sie sich ausschließlich auf das vorliegende Thema?

- Ist die Fragestellung dem Typ der jeweiligen wissenschaftlichen Arbeit adäquat, d.h. schöpft sie das Thema hinsichtlich Breite und Tiefe in der Form aus, die man z.B. bei einer Proseminararbeit, einer Hauptseminararbeit, einer drei- oder sechsmonatigen Diplomarbeit fordern kann?

BEHANDLUNG DER FRAGESTELLUNG

- Zeigen die Ausführungen themenfremde und/oder in der dargebotenen Breite nicht themennotwendige Passagen?
- Werden Themenfragen total ausgelassen oder nur partiell behandelt?
- Werden Argumentations-/Beleg-/Beweisketten entwickelt (oder werden einfach Behauptungen aufgestellt, bloße Mutmaßungen und/oder Spekulationen unterbreitet)?
- Sind die entwickelten Argumentations-/Beleg-/Beweisketten lückenlos und in sich widerspruchsfrei?
- Welche Stärke zeigen die einzelnen Kettenglieder im Sinne von überzeugend/beweiskräftig versus fragwürdig/ zweifelhaft?
- Werden in Relation zu dem zu demonstrierenden wissenschaftlichen Niveau ‚Selbstverständlichkeiten/Trivialitäten' ausgebreitet (z.B. Grundstudiums-'Erkenntnisse' in einer Diplomarbeit)?
- Gibt es ungerechtfertigte Wiederholungen?

ERGEBNISSE

- Sind die Ergebnisse klar formuliert?
- Harmonieren die Ergebnisse mit der Fragestellung?
- Sind die Ergebnisse in sich widerspruchsfrei?
- Erscheinen die Ergebnisse ‚wie die Kaninchen aus dem Zauberhut' oder sind sie die folgerichtigen Schlußglieder von Argumentations-/Beleg-/Beweisketten?

DEFINITIONEN, PRÄMISSEN, UNTERSUCHUNGSDESIGNS

- Sind alle definitionspflichtigen Begriffe klar und problemstellungsgemäß gefaßt und konsequent durchgehalten sowie Definitionsunterschiede bei Literaturbezügen korrekt berücksichtigt?
- Sind alle verwendeten Prämissen und im Laufe der Arbeit vollzogenen Prämissenänderungen jeweils klar angezeigt und haben Prämissenunterschiede bei Literaturbezügen die notwendige Beachtung gefunden?
- Ist im Falle eigenvollzogener empirischer Untersuchungen das jeweilige Untersuchungs- und Auswertungsdesign klar und vollständig offengelegt und ist bei Bezugnahmen auf fremdvollzogene empirische Untersuchungen deren Design verständig berücksichtigt?

STIL UND SPRACHREGELN

- Ist die Arbeit in ihrer Wortwahl und Ausdrucksweise eindeutig verständlich, prägnant und treffend?

- Sind die einzelnen Sätze klar, inhaltlich aussagefähig und in sich logisch?
- Sind die Satzverknüpfungen sprachlich und logisch korrekt, spiegeln die Satzfolgen in lückenloser Form dem Untersuchungsziel adäquate Gedankenabläufe?
- Zeigt die Arbeit Verstöße gegen die Regeln zur Rechtschreibung, Grammatik oder Zeichensetzung?

LITERATURBEARBEITUNG UND ZITIERWEISE

- Wurde qualitativ angemessene Literatur in gebührendem Umfang herangezogen?
- In welchem Umfang spiegelt sich die im Literaturverzeichnis ausgewiesene Literatur tatsächlich im Text der Arbeit?
- Wurde die Literatur korrekt (ohne Verfälschungen, auf letztem Stand, primär) ausgewertet?
- In welchem Grade und auf welchem Niveau ist kritische Auseinandersetzung mit der Literatur zu registrieren?
- Ist die Zitierweise adäquat (unnötiges Zitieren, Ausmaß wörtlichen Zitierens, Kompilation)?
- Ist die Zitierweise korrekt (eindeutige Erkennbarkeit übernommenen und eigenen Gedankengutes, Vollständigkeit der Angaben zu den einzelnen Quellen)?

GLIEDERUNG

- Ist die Gliederung formal korrekt (konsequente Gliederungs-Klassifikation, tatsächliche und vollständige Untergliederung, richtige Zuordnung von Ober- und Unterpunkten, Kriterienreinheit der Untergliederungen, angemessene Gliederungstiefe)?
- Ist die Gliederung in allen Teilen und insgesamt inhaltlich verständlich und in bezug auf das Thema aussagefähig?

EIGENSTÄNDIGKEIT

- Zeigt die Arbeit Eigenüberlegungen in Form eigener Ansätze, zeigt sie Umsetzungen eigener Ideen?
  - Auf welchem Niveau liegen diese Eigenleistungen?
  - Wie treffend/abgesichert erweisen sie sich?
- Werden Literaturlücken registriert und zu schließen versucht?
- Werden Widersprüche und Fragwürdigkeiten in der Literatur herausgearbeitet, kommentiert und aufzulösen versucht?
- Zeigt die Arbeit Eigenständigkeit hinsichtlich
  - des Konzeptes der Problembearbeitung
  - der Darstellung/Illustration, der Verdichtung und Verknüpfung des gesammelten Materials
  - der Texte zur Wiedergabe/Kommentierung der Literatur?

DARSTELLUNGEN UND VERZEICHNISSE

- Sind die Darstellungen (Abbildungen, Tabellen) korrekt durchnumeriert und inhaltlich bezeichnet?
- Wurden die erforderlichen Verzeichnisse (Inhalts-, Abkürzungs-, Symbol-, Darstellungs-, Literatur-/Quellenverzeichnis) korrekt angelegt und an der jeweils richtigen Stelle der Arbeit plaziert?

REINSCHRIFT

- Sind das Deckblatt, die Textvorlaufseiten, alle Textseiten und die Textnachlaufseiten in richtiger Aufteilung (Rand, Zeilenabstände) gut lesbar (Größe, Konturierung) gestaltet und in richtiger Form numeriert (vor erster Textseite: lateinische Ziffern; ab erster Textseite: arabische Ziffern)?
- Wurde die eventuell vorgegebene Seitenzahl eingehalten?
- Ist die eventuell geforderte eidesstattliche Erklärung korrekt verfaßt, datiert und eigenhändig mit Vor- und Zunamen auf allen einzureichenden Exemplaren unterschrieben?

Glossar

= Verzeichnis von Wörtern mit Erklärungen

[Bei verschiedenen Wortbedeutungen sind jeweils nur auf wissenschaftliches Arbeiten bezogene Bedeutungen erfaßt].

Annalen
Jahrbücher.

Area-Methode
→ Flächenstichprobe

Auslosung
Verfahren der statistischen → Zufallsauswahl, bei dem man aus einer listenmäßig erfaßten Grundgesamtheit willkürlich eine bestimmte Anzahl (→ Stichprobe) auswählt.
→ Random-Tabelle

Auswertungsdesign
Gesamtheit der Informationen über die verwendeten Methoden zur Verdichtung und Analyse von Daten aus empirischen (→ Empirismus) Untersuchungen.
→ Erhebungsdesign

Axiom
Basissatz, der aufgrund seiner Selbstevidenz eines Beweisgrundes weder bedürftig noch fähig ist; dient als Grundlage für die Ableitung weiterer Sätze und ist selbst nicht mehr aus noch allgemeineren Sätzen herleitbar.

Befragung
Methode der → Primärforschung zur Datenerhebung. Als Befragungsformen sind das → Interview und die schriftliche Befragung zu unterscheiden.
→ Omnibusbefragung
→ Spezialbefragung

Beobachtung
Methode der → Primärforschung zur Datenerhebung, bei der wahrnehmbare Eigenschaften und Verhaltensweisen von Personen zum Zeitpunkt des Auftretens registriert werden.

Beobachtungs-Effekt
Verhaltensänderung des Beobachteten aufgrund der von ihm vermuteten oder wahrgenommenen Beobachtung.

Bibliographie
Bücherverzeichnis; Bücherkunde.

Ceteris paribus-Bedingung
Annahme, daß sich nur bestimmte → Variablen ändern und alle übrigen (ceteris) gleich (paribus) bleiben. Zum Beispiel: Analyse der Wirkung von Preisänderungen auf die Absatzmenge eines Produktes unter ‚c.p.-Annahme' für alle weiteren (möglichen) Einflußfaktoren (Serviceeinsatz, Distributionsquote, Werbung usw.).

Sind die c.p.-Variablen benannt, handelt es sich um eine spezifizierte c.p.-Bedingung. Nichtangabe der c.p.-Variablen vermindert oder beseitigt die Prüfbarkeit (Immunisierung gegen → Falsifizierung).

Clusteranalyse
Verfahren der Datenanalyse zur Identifikation von Ähnlichkeiten zwischen Objekten (z. B. Personen, Produkten, Medien) in bezug auf relevante Merkmalausprägungen, um deren ‚natürliche' Ordnung (Klassifikation/Typisierung) aufzuzeigen.

Codieren
Zuordnen von Zahlen zu den einzelnen Ausprägungen von → Variablen.

Deduktion
Ableitung des Besonderen aus dem Allgemeinen.
→ Induktion

Delphi-Methode
Qualitatives Prognoseverfahren mittels mehrfacher schriftlicher Expertenbefragungen: Jeder einbezogene Experte liefert in der ersten Runde eine begründete → Prognose und Hinweise auf Quellen zur Erhöhung der Prognosequalität. Die ausgewerteten Antworten gehen zu einer zweiten Runde an die Experten zurück, die auf Basis ihres nun erweiterten Informationsstandes Prognoserevisionen vornehmen können. Weitere Runden erscheinen so lange sinnvoll, bis entweder eine Mehrheitsaussage (mit begründeten individuellen Abweichungen) eintritt oder sich keine Revisionsbereitschaft mehr zeigt.

Design
→ Auswertungsdesign
→ Erhebungsdesign

Deskription
Beschreibung.

Diskriminanzanalyse
Verfahren der Datenanalyse, das auf Basis mehrerer Klassifizierungsvariablen (→ Variable) Untersuchungsobjekte in Gruppen einordnet. Die jeweiligen Gruppen werden im vorhinein aufgrund bestimmter Ausprägungen gebildet. Dazu wird eine Liste unabhängiger Variabler erstellt, von denen man (hypothetisch) einen Einfluß auf die Unterschiedlichkeit der Gruppen annehmen kann. Es geht dann darum, aus diesen unabhängigen Variablen ein Kriterium zur bestmöglichen Trennung der Gruppen zu identifizieren.

Dissertation
Wissenschaftliche Abhandlung zum Erwerb der Doktorwürde.

Dogma
(kirchlicher) Glaubenssatz mit dem Anspruch unbedingter Geltung.

Dogmatismus
Übertrieben erscheinende Vertretung einer Lehre; unselbständiges, an Glaubenssätze gebundenes Denken.

Einstellung
Innerer Bereitschaftszustand/innere Haltung des Individuums, gegenüber bestimmten Reizen relativ fest gefügte/stabile positive oder negative Reaktionen zu zeigen.

Ein-Thema-Umfrage
→ Spezialbefragung

Eklektizismus
Auswählen/Zusammenstellen passend erscheinender Elemente aus verschiedenen Systemen (Theorien oder Forschungsansätzen).

Ellipse
Auslassung in wörtlichen Zitaten.

Empirem
Erfahrungstatsache.

Empirismus
Philosophische Lehre, die als Erkenntnisquelle nur Sinneserfahrungen (→ Befragung, → Beobachtung, → Experiment) zuläßt.

Entscheidungs-Modell
→ Erklärungsmodell mit Zielformulierung; dient der Ableitung zielkonformer Alternativen.

Enzyklopädie
Nachschlagewerk.

Epilog
Nachwort.
→ Prolog

Erhebungsdesign
Gesamtheit der Informationen über die Anlage und Durchführung empirischer (→ Empirismus) Untersuchungen (→ Beobachtung, → Befragung, → Experiment).
→ Auswertungsdesign

Erklärungs-Modell
→ Modell zur Beschreibung und Erklärung von Zuständen und/oder Prozessen.

Exkurs
Vom lateinischen Wort ‚excursio' (= Ausflug) abgeleitete Bezeichnung für ‚Abschweifung vom Thema'.

Experiment
Als Methode der → Primärforschung ein Erhebungsansatz, bei dem es eine (der → Beobachtung und/oder → Befragung vorgelagerte) Phase gibt, in der die Forscher aktiv in den Entstehungsprozeß der zu erhebenden Daten eingreifen, indem sie den Tatbestand herbeiführen, über den ermittelt werden soll.

Explikation
Erklärung, Erläuterung.

Exploratives Interview
Synonym zu → ‚Unstrukturiertes Interview'; d. h., vom Interviewer ohne Vorformulierung frei geführte mündliche Befragung.

Explorative Studie
Synonym zu → Pilotstudie.

Exposition
Einführender Teil einer Abhandlung.

Exzerpt
Sinngemäßer oder wörtlicher schriftlicher Auszug aus einer Publikation.

Faksimile
Originalgetreuer Nachdruck.

Faktorenanalyse
Verfahren der Datenanalyse zwecks Datenverdichtung in der Form, daß zu der Vielzahl der festgestellten (beobachteten) Merkmalsvariablen zusammenfassende, hypothetische (nicht beobachtbare) → Variable (sog. Faktoren) herauskristallisiert werden, die den beobachteten Datensatz adäquat repräsentieren.

Falsifizierung
Widerlegung einer → Hypothese.
→ Verifizierung

Feldforschung
→ Primärforschung

Flächenstichprobe
Verfahren der statistischen → Zufallsauswahl, bei dem man ein bestimmtes geografisches Gesamtgebiet in Teilgebiete (Teilmassen) zerlegt. Befragt werden nur die Personen, die in den (im Zufallsverfahren) gezogenen Gebieten wohnen.

Habilitationsschrift
Wissenschaftliche Abhandlung zum Erwerb der Lehrberechtigung an Hochschulen/Universitäten (Venia legendi = Erlaubnis, an Hochschulen/Universitäten zu lehren).

Halbstrukturiertes Interview
→ Befragung, bei der dem Interviewer lediglich das Fragegerüst vorgegeben ist.
→ Unstrukturiertes Interview
→ Vollstrukturiertes Interview

Halo-Effekt
Ausstrahlung einer Frage/eines Themas auf Folgefragen/Folgethemen.

Heuristik
Gezieltes Suchen nach guten Lösungen für komplexe Probleme, die sich (noch) gar nicht oder nur sehr aufwendig exakt lösen lassen.

Homonym
Wort, das zu einem anderen gleichlautend, aber bedeutungsverschieden ist (z. B.: Ball als Spielzeug, Ball als Gesellschaftsereignis).

Hypothese
Begründete Vermutung über Zusammenhänge.

ibidem
Als Zitierkürzel: ‚ebenda'.

Indikator
Hilfsgröße zur Messung komplexer, selbst nicht direkt meßbarer Phänomene. Die ‚Indikator-Problematik' besteht im allgemeinen darin, daß für komplexe Phänomene absolut bedeutungsgleiche Hilfsgrößen nicht zu finden sind und die damit programmierten Bedeutungsabweichungen nicht exakt angegeben werden können. Beispiel: Messung der ‚Mitarbeiterzufriedenheit' über Hilfsgrößen wie Absentismusrate, Fluktuationsrate, Zahl der Verbesserungsvorschläge von Mitarbeitern.

Hilfsgröße zur → Prognose von Entwicklungen. Beispiel: Vorhersage der Absatzmenge an Baby-Fertignahrung aus der registrierten Geburtenzahl.

Induktion
Schließen vom besonderen Einzelfall auf das Allgemeine.
→ Deduktion

Interpolation
Einfügung/Ergänzung/Zusatz in wörtlichen Zitaten durch den Zitierenden.

Intervallskala
→ Kardinalsskalen

Interview
Unmittelbar mündliche oder telefonische Befragung.
→ Halbstrukturiertes Interview
→ Unstrukturiertes Interview
→ Vollstrukturiertes Interview

Interviewereinfluß
Antwortveränderungen bei → Probanden aufgrund der Intervieweranwesenheit (z. B. Gefälligkeits- oder Prestigeantworten); bewußte oder unbewußte Veränderungen der von → Probanden gegebenen Antworten durch Interviewer (z. B. falsche Aufzeichnung oder Einordnung von Antworten).

Kardinalskalen
Metrische → Skalen in Form der Intervall- oder Verhältnisskala. Intervallskalen bilden die Ausprägungen der betrachteten Merkmale in der Weise ab, daß sie die Differenz zwischen zwei Zuständen und damit den Abstand (das Intervall) zwischen Merkmalzuständen anzeigen; aufgrund des bei ihnen beliebig wählbaren Nullpunktes (z. B. Temperaturskala) ist allerdings das Größenverhältnis zweier Skalenwerte nicht sinnvoll interpretierbar.
Verhältnisskalen haben einen eindeutig festgelegten Nullpunkt und erlauben damit auch die Ermittlung des Größenverhältnisses zwischen Skalenwerten.
→ Nominalskala
→ Ordinalskala

Klassenzimmerbefragung
Schriftliche Befragung über Verteilung von Fragebogen an Personen in einem geschlossenen Raum; die Fragebogen sind vor Ort auszufüllen und abzugeben.

Kompendium
Kompaktes Lehrbuch.

Kompilation
Unschöpferisches bloßes Übernehmen/Abschreiben aus der Literatur; durch Zusammentragen unverarbeiteten Stoffes zustandegekommene Schrift ohne wissenschaftlichen Wert.

Korrelationsanalyse
Verfahren der Datenanalyse zwecks Feststellung der Stärke des Zusammenhanges zwischen → Variablen.

Legende
Erläuterung von Abkürzungen oder Zeichen.

loco citato
Als Zitierkürzel: ‚am angeführten Ort'.

Manuskript
Eigentlich ‚handschriftliche' (lat. ‚manus' = Hand) Fassung von Ausführungen; inzwischen ist üblich geworden, darunter ‚jede Form der schriftlichen Fassung von Ausführungen' zu verstehen.

Mehr-Themen-Umfrage
→ Omnibusbefragung

Metaebene
Übergeordnete Ebene.

Methodologie
Lehre von den wissenschaftlichen Methoden.

Metrische Skalen
→ Kardinalskalen

Modell
Vereinfachtes Abbild der Realität, das durch Setzen von Annahmen (→ Prämisse) entwickelt wird.
→ Entscheidungs-Modell
→ Erklärungs-Modell
→ Prognose-Modell

Monographie
Einzeldarstellung; wissenschaftliche Untersuchung, die sich einem einzelnen Gegenstand/einer einzelnen Erscheinung widmet.

Nominalskala
→ Skala, die lediglich Informationen über die Identität oder Diversität erhobener Daten und damit die Zugehörigkeit dieser zu einer Klasse oder verschiedenen Klassen vermittelt (z.B. Zuordnung von → Probanden nach Konfessionszugehörigkeit in konfessionslos, protestantisch, katholisch usw.).
→ Kardinalskalen
→ Ordinalskala

Normativismus
In wissenschaftlichen Aussagen auch eigentliche Werturteile (→ Werturteile, eigentliche) zulassende Richtung.

Notation
System von Symbolen und Zeichen.

Omnibusbefragung
Mehrere Themen/Befragungsgegenstände umfassende → Befragung (= Mehr-Themen-Umfrage).

Operationalisierung
Prozeß der Umsetzung selbst nicht direkt meßbarer Erscheinungen in → Indikatoren.

Ordinalskala
→Skala, die bezüglich der gemessenen Merkmalsausprägungen Rangfolgen anzeigt (z.B. Güteklassen von Produkten), ohne jedoch (wie bei → Kardinalskalen) die Größe der Differenz anzugeben.
→ Nominalskala

Overreporting
Ergebnisverfälschung in → Befragungen durch ‚Über'angaben (z.B. im → Panel prestigebegründete Angaben von Einkäufen, die gar nicht stattgefunden haben).
→ Underreporting

Panel
Marktbeobachtungsansatz, bei dem eine gleichbleibende repräsentative Personen-, Haushalts- oder Unternehmensgruppe fortlaufend oder in bestimmten Abständen über einen im Prinzip gleichen Gegenstand befragt wird.

Paneleffekt
Minderung der Aussagefähigkeit von → Panels durch ‚bewußteres' Verhalten der Panelteilnehmer (im Vergleich zur Gesamtmasse) sowie durch → Overreporting und/oder → Underreporting seitens der Panelteilnehmer.
→ Panelsterblichkeit

Panelsterblichkeit
Repräsentanzgefährdung von → Panels durch natürliche Faktoren (wie Sterbefälle, Ortswechsel bei Panelteilnehmern) und/oder subjektive Faktoren (wie Interesselosigkeit, Zeitmangel bei Panelteilnehmern).

Paradigma
Bestimmtes Wissenschaftsprogramm resp. wissenschaftliches Problemlösungsmuster, das eine größere Zahl von Fachvertretern leitet.

Paralleltest
Gleichzeitiger Einsatz mehrerer verschiedener Testinstrumente beim gleichen Probandenkreis (→ Proband); Ansatz zur Prüfung der → Reliabilität.

passim
Als Zitierhinweis: ‚da und dort'/‚verstreut'.

Periodikum
Regelmäßig erscheinende Veröffentlichung (z. B. Zeitschrift).

Pilotstudie
Allg.: Voruntersuchung, um mit einem Untersuchungsgegenstand vertraut zu werden; speziell: Vorlaufstudie (ohne Repräsentanzansprüche) zum Test eines Untersuchungskonzeptes.

Pleonasmus
Überflüssige Häufung sinngleicher oder sinnähnlicher Ausdrücke, z. B. ‚wieder von neuem', ‚sinnlos verschwenden'.

Polaritätsprofil
Ansatz zur Messung von → Einstellungen, bei dem den → Probanden zur Beurteilung von Meinungsgegenständen eine Reihe gegensätzlicher (polarer) Merkmalspaare präsentiert wird. In Abgrenzung zum → Semantischen Differential werden verschiedene Meinungsgegenstände mit konstanten Merkmalspaaren abgefragt.

Posttest
Überprüfung von Maßnahmen nach ihrem Einsatz.
→ Pretest

Prämisse
Voraussetzung; im → Modell eine zur Realitätsvereinfachung gesetzte Annahme.

Präskription
'Vorschreibung' i. S. v. ‚etwas zur Forderung erheben'.

Pragmatismus
Philosophische Lehrmeinung, die als Maß der Wahrheit die Nützlichkeit oder Zweckdienlichkeit verwendet, also keine allgemein gültige Wahrheit kennt.

Pretest
Überprüfung geplanter Maßnahmen vor ihrem Einsatz.
→ Posttest.

Primärforschung
Informationsgewinnung durch originäre Datenerhebung über → Befragungen, → Beobachtungen und → Experimente.

Proband
Testperson in empirischen Untersuchungen; beobachtete und/oder befragte Person.

Prognose
Vorausberechnung oder Vorausschätzung künftiger Größen und Ereignisse aus vorliegenden Zeitreihen, → Indikatoren, Erfahrungen und/oder intuitiven Annahmen.

Prognose-Modell
→ Modell zur Vorhersage von Zuständen und/oder Prozessen.

Prolog
Vorwort.
→ Epilog

Quotenverfahren
Statistisches Auswahlverfahren zur Gewinnung repräsentativer Teilmassen, bei dem man die zu befragenden/zu testenden Personen nach bestimmten, aus Kenntnis der Struktur der Gesamtmasse festgelegten Merkmalen aussucht.

Random-Tabelle
Verzeichnis des Resultates durchgeführter → Auslosungen für verschieden große Massen, auf das zurückgegriffen werden kann, um sich das zeitraubende Losverfahren zu sparen.

Ranking
Bilden einer Rangordnung.

Redundanz
Verlängerung einer Aussage durch überflüssige Elemente; d. h., durch Elemente, die keine zusätzliche Information vermitteln, sondern die Grundinformation lediglich wiederholen.

Regressionsanalyse
Verfahren der Datenanalyse zur Bestimmung der Abhängigkeit einer zu erklärenden → Variablen von einer erklärenden Variablen (einfache Regressionsanalyse) oder von mehreren erklärenden Variablen (multiple Regressionsanalyse).

Reliabilität
Ausdruck der Güte einer Meßmethode im Sinne der Stabilität und Zuverlässigkeit von Messungen (Frage der Ergebnisidentität bei wiederholten Meßvorgängen unter sonst gleichen Bedingungen und damit der formalen Genauigkeit eines Meßverfahrens).
→ Validität

Repräsentativerhebung
Im Unterschied zur Totalerhebung eine so angelegte und durchgeführte Teilerhebung, daß die aus der Gesamtheit herausgezogene Teilmasse die Gesamtmasse spiegelt/repräsentiert.
→ Quotenverfahren
→ Zufallsauswahl

Retest
Mehrmaliger Einsatz eines Testinstruments in möglichst kurzzeitigem Abstand beim gleichen Probandenkreis (→ Proband); Ansatz zur Prüfung der → Reliabilität.

Rezension
Buchbesprechung.

Schreibtischforschung
→ Sekundärforschung

Sekundärforschung
Informationsgewinnung aus bereits vorhandenen, ursprünglich für andere Zwecke erhobenen Daten.
→ Primärforschung

Semantisches Differential
Ansatz zur Messung von → Einstellungen, bei dem den → Probanden zur Beurteilung von Meinungsgegenständen eine Reihe gegensätzlicher (polarer) Merkmalspaare präsentiert wird. In Abgrenzung zum → Polaritätsprofil werden die einzelnen Meinungsgegenstände jeweils mit objektspezifischen Merkmalspaaren abgefragt.

Signifikanztest
Überprüfung, ob Unterschiede zwischen einem angenommenen/postulierten Wert und dem Stichprobenergebnis nur zufällig oder mit einer bestimmten Wahrscheinlichkeit statistisch gesichert (= signifikant) sind.

Skala
Instrument zur Differenzierung qualitativer oder quantitativer Eigenschaften von Untersuchungseinheiten.
→ Kardinalskalen
→ Nominalskala
→ Ordinalskala

Spezialbefragung
Auf ein Thema, einen Befragungsgegenstand konzentrierte → Befragung (= Ein-Thema-Umfrage).

Stichprobe
Teilmasse aus einer Gesamtmasse, deren Erhebung für die Gesamtheit repräsentative Ergebnisse spiegeln soll.
→ Zufallsauswahl
→ Quotenverfahren

Synonym
Sinnähnliches oder sinnidentisches Wort.

Synopse
Kompakte Zusammenfassung; vergleichende Übersicht.

Tautologie
Wiedergabe eines Sachverhaltes mit synonymen Wörtern (→ Synonym); z. B.: einzig und allein, immer und ewig. In der Logik: Zirkeldefinition; d. h., es wird dasselbe nur mit anderen Wörtern formuliert.

Terminologie
Gesamtheit der Fachwörter eines bestimmten Fachgebietes sowie die Lehre von diesen Fachwörtern.

Theorem
Aus → Axiom(en) abgeleitete Aussage(n).

These
Behauptung; Lehrsatz, Leitsatz.

Trendextrapolation
Quantitatives Prognoseverfahren (→ Prognose), das Vergangenheitswerte (z. B. Absatzwerte) fortschreibt.

Underreporting
Ergebnisverfälschung in → Befragungen durch ,Unter'angaben aus Nachlässigkeit, Vergeßlichkeit oder Prestigegründen (z. B. im → Panel fehlende Einkaufsangaben).
→ Overreporting

Unstrukturiertes Interview
→ Befragung, bei der es dem Interviewer überlassen ist, wie (über welche Fragen, in welcher Reihenfolge) er Informationen erhebt.
→ Halbstrukturiertes Interview
→ Vollstrukturiertes Interview

Validität
Ausdruck der Güte eines → Indikators oder einer Meßmethode.
Bei einer Meßmethode Ausdruck des Identitätsgrades von Meßergebnis und Meßabsicht (Frage der adäquaten Erhebung eines Tatbestandes und damit der materiellen Gültigkeit eines Meßverfahrens).
→ Reliabilität

Variable
Merkmal von Untersuchungsobjekten, das verschiedene Ausprägungen aufweisen kann.

Variable, abhängige
→ Variable, deren Ausprägungen durch eine oder mehrere andere Variable bestimmt/erklärt werden.

Variable, unabhängige
→ Variable, deren Ausprägungen die Entwicklung einer oder mehrerer anderer Variablen bestimmen/erklären.

Verhältnisskala
→ Kardinalskalen

Verifizierung
'Bewahrheitung' durch Überprüfung; in bezug auf → Hypothesen letztlich unmöglich.
→ Falsifizierung

Vollstrukturiertes Interview
Durch genau festgelegten Fragewortlaut und vorgeschriebene Reihenfolge der Fragen gekennzeichnete → Befragung (= standardisiertes, normiertes Interview).
→ Halbstrukturiertes Interview
→ Unstrukturiertes Interview

Werturteil, eigentliches
Wertung im Aussagenbereich i. S. v. wertender Aussage, die in ihrer Wahrheit objektiv nicht überprüfbar ist und sich damit der Falsifizierbarkeit (→ Falsifizierung) entzieht.
Im Gegensatz zur Seinsinformation/zum Seinsurteil (z. B.: Produkt A wiegt 1 kg) ein Urteil, das eine Bewertung ausdrückt (z. B.: Produkt A ist schön).

Zufallsauswahl
Statistisches Auswahlverfahren zur Gewinnung repräsentativer Teilmassen, das jedem Glied der Gesamtmasse die gleiche Chance eröffnet, in die Auswahl zu gelangen.

ERGÄNZUNG

Zur Nutzung des Internet für das Wissenschaftliche Arbeiten

Das Internet für die Recherche

Durch die zunehmende Vernetzung der Bibliotheken auf regionaler, nationaler und auch globaler Ebene haben sich die Zugriffsmöglichkeiten für klassische wissenschaftliche (Print-) Quellen wie Fachbücher und Fachzeitschriften in den letzten Jahren sehr stark erweitert. Prinzipiell geht damit zwar ein höherer Rechercheaufwand einher, da eine größere Menge einschlägiger Literatur zugänglich ist und reflektiert werden sollte, doch der eigentliche zeitliche Aufwand der Beschaffung nicht vor Ort vorrätiger Quellen verringert sich deutlich. Früher begann der Prozeß einer Fernleihe typischerweise mit der erfolglosen Suche nach einer Quelle in der heimischen Bibliothek. Es folgte das Ausfüllen eines Formulars mit der Schreibmaschine in der örtlichen Bibliothek. Das Bestellformular wurde dann in einer Art Omnibusverfahren durch andere Bibliotheken geschleust, bis eine die gesuchte Quelle liefern konnte. Der Auftraggeber wurde daraufhin postalisch verständigt und konnte die Quelle in seiner Bibliothek für einen bestimmten Zeitraum nutzen. Inzwischen kann von jedem Computer mit Internetzugang unmittelbar geprüft werden, welche Bibliothek die gesuchte Quelle liefern kann. Die Bestellung läuft online, die Zustellung teilweise durch Postversand direkt an die Privatadresse. Mit der Nutzung der relevanten Online-Angebote der Bibliotheken sollte man sich vertraut machen, um einerseits sämtliche Zugriffsmöglichkeiten zu nutzen und um andererseits unnötigen Zeitverlust bis zum Eintreffen der gesuchten Quellen zu entgehen. Insbesondere die umfangreichen Suchfunktionalitäten dieser Angebote stellen eine wesentliche Arbeitserleichterung in der Recherchephase dar.

Neben der Bedeutung des Internet für die effiziente und effektive Beschaffung klassischer wissenschaftlicher Quellen hat das Medium seinen Wert in der Phase der Themenfindung. Die Nutzung kommerzieller Suchmaschinen vermittelt einen schnellen Einblick in die Aktualität der Gesamtthematik und relevanter Teilaspekte. Im Internet stehen Informationen häufig zuerst zur Verfügung, teilweise bleibt das Internet die exklusive Distributionsform. Doch ersetzt die Recherche von im Internet publizierten Quellen keineswegs die klassischen Formen. Die Schnellebigkeit onlinegestützter Informationsangebote birgt nämlich auch Risiken. Einerseits steht das Wissen häufig nur zeitlich begrenzt zur Verfügung, andererseits fehlt häufig der Tiefgang, der sich in klassischen wissenschaftlichen Medien weitgehend etabliert hat. Darüber hinaus ist die Glaubwürdigkeit von Internetinformationen im Einzelfall zu überprüfen, da jede Person grundsätzlich die Möglichkeit hat, eigenes Wissen (oder eben auch Un- und Falschwissen) global verfügbar zu machen. Ein Rezensionsprozeß und damit eine Absicherung der Qualität fehlen.

Die Zitierfähigkeit von Internetinformationen

Die Zitierfähigkeit von Internetquellen entscheidet sich - wie bei den klassischen Quellen - an der Einschätzung ihrer Qualität. Die ‚Modernität' des Mediums bedeutet keinesfalls, daß es inhaltlich höhere Qualität liefert, aufgrund der vorerwähnten Probleme und Risiken ist generell eher sogar das Gegenteil zu befürchten. So etwa darf man sich auch vom ‚tollen Layout' einer Homepage nicht blenden und damit über inhaltliche Mängel hinwegtäuschen lassen.
Grundsätzlich empfiehlt sich die Einhaltung folgender Regeln:

- Lassen sich die Informationen auch mit zumutbarem Aufwand aus klassischen wissenschaftlichen Medien recherchieren, so sind diese vorzuziehen.
- Handelt es sich um solche Informationen, die ausschließlich im Internet zur Verfügung stehen oder nur mit unverhältnismäßig hohem Aufwand anderweitig zu beschaffen sind, so ist eine eigene Qualitätskontrolle unabdingbar. Für die Einschätzung der inhaltlichen Güte ist die Qualität der Quelle maßgeblich. Ähnlich wie bei der differenzierten Beurteilung von Tageszeitungen (u.a. redlich, kompetent, verläßlich oder nicht) hat man die Urheberschaft der Internetinformation zu beurteilen. Dabei ist gegenüber Sekundär- oder Tertiärinformationen größere Zurückhaltung angebracht als z.B. gegenüber einer Firmeninformation, die über die offizielle Unternehmenshomepage kommuniziert wird.
- Aufgrund der zeitlich eingeschränkten Verfügbarkeit von zitierten Internetinformationen sind diese auszudrucken und in den Anhang der Arbeit zu geben oder für den Adressaten der wissenschaftlichen Arbeit verfügbar zu halten, so daß dieser die Quelle in jedem Fall überprüfen kann. Die konkreten Anforderungen und damit auch die Ausdrucksmodalitäten und eventuellen Aufbewahrungsfristen sind mit dem wissenschaftlichen Betreuer im Vorfeld verbindlich zu vereinbaren.
- Beim Ausweis von Internetinformationen sind bestimmte Richtlinien einzuhalten. So ist neben dem Autor bzw. der herausgebenden Institution und der Art der Information die direkt zum Ziel führende Adresse zu nennen (gegebenenfalls hierzu das Angebot in einem neuen Fenster öffnen). Ferner ist das Einsichtsdatum und der genaue Ort des Zitats bei umfangreicheren Angeboten zu spezifizieren. Neben dem Ausweis der Informationen in den Fußnoten ist die Quelle im Anschluß an den Text in das Quellenverzeichnis aufzunehmen. Hier empfiehlt sich ein eigener Abschnitt für alle verwendeten Internetinformationen.

Beispiele für das Zitieren von Internetinformationen

Das Internetzitat sollte wie bei einer klassischen Quelle alle zum Auffinden der Quelle notwenigen Informationen liefern. Da Internetangebote häufig sehr umfangreich sind, erweist sich die alleinige Nennung der Adresse des Angebots oft als nicht ausreichend. Zu unterscheiden sind Informationen aus nicht näher spezifizierten Kategorien einer Website sowie besondere Kategorien wie beispielsweise ein online zugänglicher Artikel oder eine Rede. Die folgenden Beispiele für die drei genannten Fälle illustrieren die zweckmäßige Vorgehensweise beim Zitieren und können entsprechend auf andere Fälle übertragen werden.

Die in den Fußnoten aufgeführten Informationen sollten im Quellenverzeichnis der Arbeit erscheinen:

BEISPIEL ALLGEMEINE INTERNETINFORMATION

Text

Vgl. zu den Zahlen Internetinformationen des Bundesministeriums X: http://www.bm-X.keyfacts.Haushaltszahlen2002_1233.de, S. 6 von 13, eingesehen am 23.08.2002

Dieses Beispiel bezieht sich auf online veröffentlichte Haushaltszahlen, die für die Argumentation in den eigenen Ausführungen verwendet wurden. Der Autor teilt in der Fußnote zunächst mit, von welcher Institution die Informationen publiziert sind. Ferner wird klar, daß es sich um eine internetgestützte Information handelt. Der interessierte Leser gelangt durch Eingabe der Internetadresse direkt zum Angebot, sofern dieses noch online ist und nicht geändert wurde. Die Seitenangabe erleichtert das Auffinden der verwendeten Information. Diese sollte auf dem angefertigten Ausdruck erscheinen und jeweils auch die Seitenhöchstzahl umfassen. Letzteres ist notwendig, da verschiedene Drucker oder Druckereinstellungen umfangreichere Informationsangebote in unterschiedlicher Seitenzahl verarbeiten. Durch die relative Nennung der Seitenzahl kann die Stelle schnellstmöglich aufgefunden werden.

Text

Vgl. Müller, A., Bundeshaushalt 2002 entspricht den Erwartungen, Frankfurter Allgemeine Presse, 05.08.2002, S. 7, entnommen aus Internetinformationen des Bundesministeriums X: http://www.bm-X.keyfacts.Haushaltszahlen2002_1233.presse.pdf, S. 1 von 2, eingesehen am 23.08.2002

Im hier aufgeführten Beispiel wird ein Artikel zitiert, der online zugänglich war. In diesem Fall stehen zunächst entsprechend der Vorgehensweise des klassischen Zitierens der Autor, der Titel, das Datum, bzw. die Ausgabe der Zeitschrift und die Seitenzahl, darauf folgt der Verweis auf den Zugang der Quelle. Ähnlich ist bei einer im Internet veröffentlichten Rede zu verfahren:

Text

Vgl. Schmidt, A., Bundeshaushalt 2002 ist solide finanziert, Rede anläßlich der Haushaltsdebatte des deutschen Bundestages vom 07.08.2002, entnommen aus Internetinformationen des Bundesministeriums X: http://www.bm-X.keyfacts.Haushaltszahlen2002_3223.reden.pdf , S. 1 von 2, eingesehen am 23.08.2002

Literaturhinweise

Die mit * markierten Titel repräsentieren eine empfehlenswerte Basisausstattung für jegliches schriftliche Arbeiten und damit auch für ‚Wissenschaftliches Arbeiten'. Sie sollten in jeweils letzter Auflage zur Verfügung stehen.

Albert, Hans: Wertfreiheit als methodisches Prinzip, in: Ernst Topitsch (Hrsg.), Logik der Sozialwissenschaften, 10. Aufl., Königstein/Ts. 1980, S. 196–225

Altmann, Jörg: Begriffsverwirrungen in der Ökonomie – Von Konjunktur und Unkosten, in: das Wirtschaftsstudium, Jg. 1991, S. 701–706

Dichtl, Erwin: Deutsch für Ökonomen, München 1996

Dudenredaktion*: DUDEN-Rechtschreibung, Mannheim u. a.

Dudenredaktion*: DUDEN-Grammatik, Mannheim u.a.

Dudenredaktion*: DUDEN-Fremdwörterbuch, Mannheim u.a.

Luik, Gabriele*: Stolpersteine – Schwierige Wörter und Kommas, die Ihnen manchmal zu schaffen machen, Bonn

Reiners, Ludwig: Stilfibel – Der sichere Weg zum guten Deutsch, München

Reiners, Ludwig: Stilkunst – Ein Lehrbuch deutscher Prosa, München

Textor, A. M.*: Sag es treffender, Reinbek

Zusatzhinweis für die **Themensuche**:

Halfmann, Marion; Matzel, Manfred: Strategien zur Suche von Themen für wissenschaftliche Arbeiten, in: Wirtschaftswissenschaftliches Studium, Jg. 24 (1995), S. 654–656

Zusatzhinweise für wissenschaftliches Arbeiten mit **Computerhilfe**:

Eggler, Andreas: Verfassen wissenschaftlicher Arbeiten am Computer – eine integrierte Arbeitsmethodik, in: Wirtschaftswissenschaftliches Studium, Jg. 21 (1992), S. 139–142

Zusatzhinweis für die Erstellung von **Referaten**:

Deppe, Joachim: Die Technik des Referierens wissenschaftlicher Hausarbeiten in Übung und Seminar, in: Wirtschaftswissenschaftliches Studium, Jg. 14 (1986), S. 313–317

Stichwortverzeichnis

Aus Stimmen zu Vorauflagen von

Wissenschaftliches Arbeiten

Fazit: Das Buch erspart ...Rätselraten darüber, was Professoren und Assistenten von einer wissenschaftlichen Arbeit erwarten.
Empfehlenswert!

Hamburger Unizeitung vom 16. 11. 1992

Das Buch liefert konkrete Arbeitshilfen und bietet darüber hinaus eine hilfreiche Gesamt-Checkliste für die Schlußkontrolle von Seminar- und Diplomarbeiten.

Allgemeiner Hochschul-Anzeiger Nr. 27
(Wintersemester 1995/96)

Das Buch zum Erfolg:
... Seminar- und Diplomarbeiten können und sollen Spaß machen, man muß nur wissen, wie man's anstellt! Das Buch zeigt es allen, die es wissen wollen ...

UNICUM DAS HOCHSCHULMAGAZIN 10/95

Wunderschön klar strukturiert ...
bietet mit Beispielen belegt eine Checkliste für eine mustergültige Arbeit.

DIE WELT – HOCHSCHULWELT vom 09. 09. 95